仕事が楽しくなる

働き方の7《セブン》マナー

北條久美子

講談社

働き方の7《セブン》マナー

それは　ってどういうもの？

仕事もプライベートもより楽しくなるスキルです

「同じことを話しても、
なんだか**感じがいい**」
「あの子が、周りに**可愛がられて**
仕事も**スムーズ**なのはなぜ？」
……その**違い**はなんなのでしょう？

社内研修でも教わる、
例えば名刺交換や電話の受けこたえ。
もちろんそれらも大事なマナー。
でも、それだけではなくて、
接する相手が**心地いい**、
自分も**楽しく**なれる、
ちょっとした**心配り**のマナーがあります。

マナーは、スキルです。
それも結構、重要な。
7マナーももちろんそう。
きっと、仕事がスイスイ進み、
あなたの周りに
笑顔がどんどん増えていくでしょう。

仕事でも、プライベートでも。
一生、あなたの
強い味方になってくれる
"7つの力"を
身につけてください。

7つのマナー力を身につけましょう！

この本でご紹介する7つの“力”は、仕事やプライベートで接する相手、そして自分を思いやるための力です。難しいことはないので少しずつ心がけて、気配りの筋力トレーニングを。

Chapter 01

見た目力 → P.13

メイクやファッションを華やかにするのではなく、ベースや細部を磨き、相手に信頼感や好感を持ってもらうためにつける力です。また、笑顔をはじめとする表情の作り方も重要。

Chapter 02

会話力 → P.39

会話にもさまざまな種類があります。雑談や、大勢と話すとき、電話など、言葉を交わす際には、人となりが伝わります。しっかりと自分の魅力を伝えられる力をつけたいものです。

Chapter 03

感謝力 → P.67

「ありがとう」を上手に伝えられること、そして自分自身も感謝を実感できることで、相手も自分もハッピーに。伝える力、感じる力をつけて、ありがとうの達人になりましょう。

Chapter 04

メール力 → P.89

仕事でのやりとりはメールなどのデジタルツールが主流になりつつあります。メール上だけで完結することも多いなか、相手への心配りを忘れずに、温かみのあるやりとりを。

Chapter 05

段取り力 → P.115

仕事は段取りがとても重要。プライベートだってそうかもしれません。時間は誰にとっても平等です。限りある時間を充実させるためには、段取り力が欠かせないのです。

Chapter 06

お願い力・断り力

→ P.145

「期日までに返事をもらえる」、これができる人とできない人の違いはお願いの仕方にあります。上手なお願いの仕方と、上手なお断りや、お断りされた場合のリアクションまでご紹介。

Chapter 07

成長力 → P.169

目の前の仕事をこなすだけでなく、未来を見据え、可能性を広げていく力です。そんな姿は周りを刺激し、応援してくれる人も出てくるでしょう。決して忘れてはいけない力です。

仕事が楽しくなる 働き方の7《セブン》マナー ● 目次

働き方の7マナーってどういうもの？ 2

7つのマナー力を身につけましょう！ 4

Chapter 01 見た目力 13

姿勢がすべてを物語る 14

COLUMN **品よく見えるバッグの持ち方** 17

ほほえみは標準装備！ 18

身だしなみは人のため、おしゃれは自分のため 20

第一印象はたった一度のチャンス 22

別れ際は余韻を大切にしたい 24

動作が上品に見える3本の法則 26

「何を着るか」より「どう着るか」 28

神は細部に宿る 30

TPOを意識したコーディネート 32

バッグの中にストーリーを 34

「どう見られたいか」を自己分析しよう 36
見た目力は飾ることではありません 38

Chapter 02 会話力 39

場に合った話し方を心がける 40
口角を上げて話せば〝笑声〟になる 42
ポジティブな表現を選んで使う 44
表情は相手の鏡に 46
人と話すときは〝おへそビーム〟を発射！ 48
あいづちに心を込める 50
雑談こそが心を開く鍵 52
話がわかりやすくなる黄金の3ルール 54
言葉は見ている先に飛んでいく 56
慌てそうになったら話し方を整理する 58
顔が見えない電話は声とタイミングが大事 60
COLUMN **もっと電話をとりたい理由** 62
COLUMN **電話のコツ** 63
社内での相談・報告は順番も重要 64
相談したら結果報告を忘れずに 65
COLUMN **「話す」のさしすせそ** 66

Chapter 03 感謝力

Chapter 03 感謝力 67
「感謝」のパワーを知ろう！ 68
ありがとうには理由と名前を添える 70
とっさに伝えられるフレーズをたっぷり用意する 72
反射で感謝 74
お礼を言うときはとびきりの笑顔で 76
感謝を形にする 78
イラッとしたら感謝で解消 80
「感謝ノート」をつけてみる 82
自分の感謝力をチェックする 84
〝お詫び力〟も感謝力のひとつ 86
COLUMN 感謝力が上がると幸福度もアップ 88

Chapter 04 メール力

Chapter 04 メール力 89
用件・相手によってツールを使い分ける 90
想いを言葉に乗せて 94
相手が読みたくなる件名をつける 96
COLUMN CCとBCC 99
読みやすい体裁もマナーです 100

メールでの
品格アップワードを使ってみる 102
相手がミスをしたときこそ柔らかく対応 104
COLUMN **お仕事メールで使う「!」の効能** 106
返信は24時間以内が基本 107
メールでの
感謝ボキャブラリーを増やそう 108
署名は名刺代わりと心得て 110
目的ごとに締めの言葉を選ぶ 112
COLUMN **手書きの手紙で気持ちを伝える** 114

Chapter 05 **段取り力** 115
モチベーションが上がる4つの要素 116
ホウ・レン・ソウは〝旬〟なうちに 118
やる気スイッチを押せるのは自分だけ 120
休むのも仕事 122
睡眠がいい仕事を作る 124
タイマーで仕事時間を管理する 126
遅刻は時間泥棒 128
遅刻しがちな人との待ち合わせには
〝やること〟を持っていく 129
想像力を働かせて段取る 130

早くて悪いことはひとつもない 132
仕事でもウォーミングアップが大事 134
毎朝、TODOリストを作る 136
COLUMN **“段取りが八分”ってどういう意味？** 139
休憩時間には“小片づけ”が効く 140
小さくても大きくても
自分へのご褒美を用意する 142
COLUMN **24時間を3分割して考える** 144

Chapter 06 **お願い力・断り力** 145
クッション言葉を使って
より丁寧に伝える 146
「ください」を言い換えると
柔らかくお願いできる 148
些細なお願いこそ伝え方が大事 150
アクションに悩まないお願いをする 152
「なぜあなたなのか」を添えると
相手のやる気が増す 155
いつでもお願いできる態勢を整えておく 156
COLUMN **お休みのとり方** 159

断る前に、無理そうでもまずは寄り添う　160
上手な〝お断り〟の3ステップ　162
断ってもまた声をかけられる
お誘いの返事フレーズ　164
断られたあとの
リアクションにも気遣いを　166
気持ちを込めるは気持ちの問題じゃない　168

Chapter 07 成長力

Chapter 07 成長力　169
〝目的〟のある〝目標〟を立てる　170
他人と自分を比べない　172
美しいものを見て感性を磨く　174
アウトプットを前提にインプットする　176
ロールモデルを見つける　178
ひとり会議、ひとり合宿をしてみる　180
アドバイスしてくれる人を持つ　182
ステップアップ会を開こう！　183
通勤時間を有効に使う　184
「誰かがやるだろう」を
誰よりも先にやる　186
一年にひとつ、
やったことのないことに挑戦する　188
おわりに　190

早速
始めましょ！

Chapter 01

見た目力

姿勢がすべてを物語る

やる気、明るさ、爽やかさが立ち姿に宿る

**シャン！とするだけで
信頼感が増す**

スマホやパソコンと向き合う時間が長い現代は、背中が丸まりがちです。いつでもスッとした立ち姿はそれだけで信頼感が増し、ハキハキした発声や健康的な顔色にもつながります。

LESSON 1

「見ていて気持ちのいい」姿勢の作り方

自分では分かりにくいので、ときどき全身鏡で正面と横からチェック。家族などに姿勢のクセがないか聞いてみても。

上から吊られているイメージで

自然と背筋や首がスッとのび、視線はまっすぐ高く。普段から意識を。

視線はまっすぐ

視線が下がると背中が丸まってしまう。歩きスマホなんてもってのほか。

あごは引く

あごが上がっていると偉そうな印象になりがち。逆に、上目遣いもNG。

肩の力を抜く

力が入っていると緊張感や、逆に怯えた印象にも。自然に力を抜いて。

手は前でやわらかく重ねる

立ったら手を重ねるクセをつけて。それだけでエレガントな雰囲気に。

骨盤を立てる

骨盤が前に出るとだらしない姿勢に。骨盤の上に上半身をのせるイメージ。

足先まで揃える

姿勢よく立っても、足がバラバラでは×。足先まで気を抜かずに揃えて。

耳からくるぶしまで一直線！

立って挨拶するときなど、意識するだけで変わる。美しい姿勢のコツ！

NG

背中が丸まると視線が下に……

丸まりがちな現代人。立ったら息を深く吸って胸を開き、視線も遠くに送ってみると改善できます。

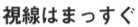

LESSON 2 座っているときの姿勢

面談など全身が見えるときの姿勢は特に重要。電車などでも意外と見られているので、意識してクセをつけたいものです。

上から吊られているイメージで
座っていても吊られている意識は大切。

ひざ・足首・つま先の3点をつける
ひざだけでなく、3ヵ所つけると美しい。電車でも心がけたい。

骨盤を立てる
座っているときは特に、骨盤が後傾するとだらしなく見える。

椅子の真ん中に座る
浅すぎると「帰りたそう」、深すぎると偉そう。真ん中が正解。

かかとまで床につける
かかとがブラブラした状態は不安定。つかなくても動かさずに固定してみて。

LESSON 3 歩くときの姿勢

意外とクセがあり、自分で気づいていないことも多いのが歩く姿勢。周りの人に客観的な意見を聞いてみるのもいいですね。

上から吊られているイメージで
やっぱりコレ！ 自然と歩き方もさっそうとする。

視線はまっすぐ
進む方へ自然に視線を送る。すれ違う相手にすぐ気づける！

つけ根から足を出して歩く
チョコチョコ歩かず、脚のつけ根から足を出すようにすると優雅です。

骨盤を立てる
歩くときも意識したい、骨盤。きびきびした歩き方に。

かかとから着地、母指球を地面へ
“おおらかだけどキビキビ”がコツ。ゆったり足を下ろすことを意識。

一直線上に足を置いていく
一本の線上に交互に足を出して。腰は左右に振らないように注意します。

ひと工夫で

品よく見えるバッグの持ち方

出かけるときは必ず持つバッグ。ちょっとしたコツをつかむと品よく見えます。ポイントを押さえてバッグ美人に！

肩掛けトート

重くなっても持ちやすいので、仕事のときに使う人も多いのがトート。“ラクをしている感”が出ないようにします。

◎

挨拶のときなどは前に下ろすと好印象

普段は肩に掛けていいが、挨拶のときは前に下ろす。

× 肩に掛けたまま挨拶すると、改まった感じが出ない。

ハンドバッグ

ハンドバッグはおばさんっぽくならないようにするのがポイントです。普段から歩くときに気をつけてみましょう。

◎

腕は必ず内側に向けて曲げる

基本的には腕を内側に曲げ、ひじより少し先にかける。

× 腕を上側に曲げると若々しくない印象になってしまう。

クラッチ

プライベートや、特にパーティで使うシーンも増えているクラッチバッグ。取っ手がないだけに、エレガントに使いこなしたいものです。

◎

指を揃えてエレガントに

クラッチは手で持つもの。指先まで美しくふんわりと揃えて持つととっても素敵。

×

手を使いたくてガッシリ脇に挟むのはNG。そんなときもできるだけ手先で。

ほほえみは標準装備！

笑顔こそ、オトナ女子最大の武器になる

ほほえんでいるだけで周りも自分もハッピー

笑顔はなによりのコミュニケーションツール。普段から口角を少し上げておけば周りの雰囲気も良くなり、ほほえんでいると脳がポジティブに働き、気持ちが明るくなります。

QUESTION

なぜ〝標準装備〟するの？

いつもふんわりほほえんでいると、急に話しかけられたり、電話に出たときも、とっさに感じよく対応できます。

ANSWER

急にほほえむのは難しいから

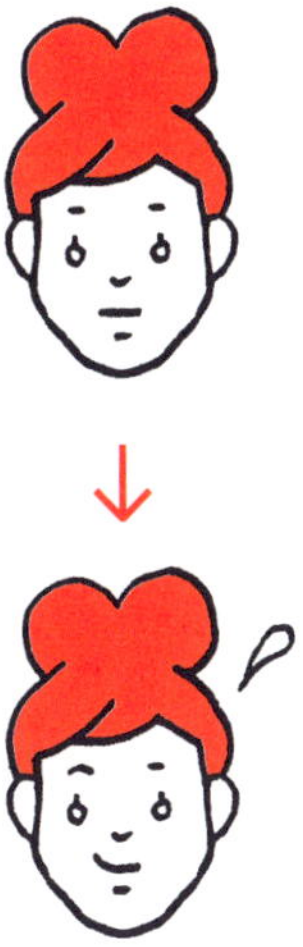

ANSWER

いつもほほえんでおけば、もっと笑顔になれるから

POINT

電話中も見えてなくたって笑顔で対応 （P.42）

後述しますが、ほほえんでいると声色も変わります。いつも口角を上げていれば声も明るい雰囲気に。

POINT

歩いているときも、ひとりでいるときも標準装備

口角は年とともに下がってきます。むすっとした人に見えるよりは、口角を軽く上げて感じのいい人認定！

身だしなみは人のため、おしゃれは自分のため

身だしなみはあなたの人となりを表す

身だしなみとおしゃれは別のものと心得る

自分の満足のためのおしゃれと違い、身だしなみは他人のためのものです。清潔感や身につけるものの手入れ、TPOに合った服装をするのは社会的なマナーだと心得ましょう。

CASE STUDY

相手はどんな服で来そうかな？

服装やメイクなどは、その日誰に会うか、どんなところに行くのか、シーンに合わせてきちんと考えましょう。迷ったら「相手のテンションに合わせて想像する」のがポイント。

仕事での間違った準備

大切なプレゼンに向けて念入りに

華やかすぎて場違い。相手も仰天

では、正しい準備は？

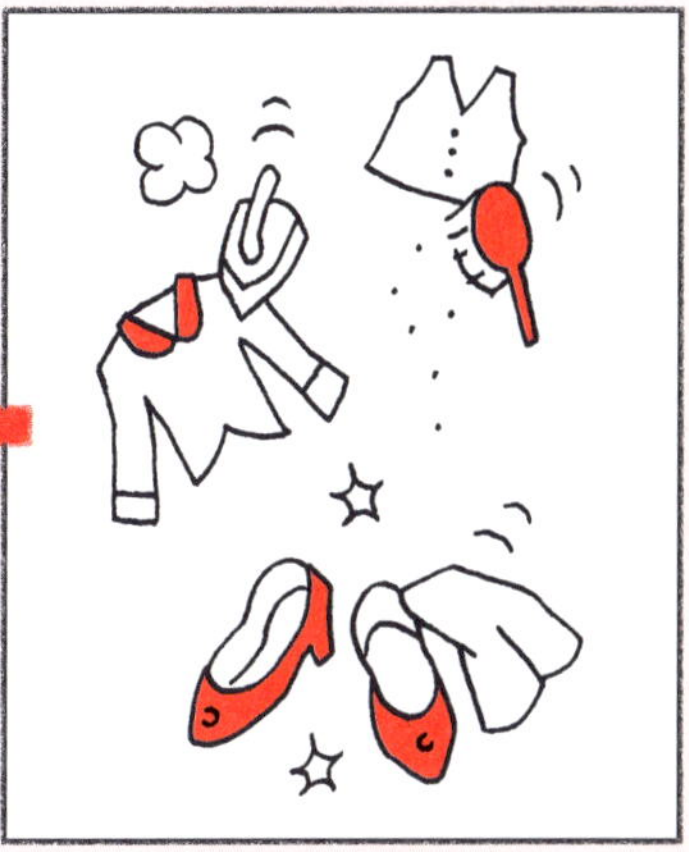

身につけるものを丁寧にお手入れ

落ち着いた信頼できる人物像、完成

第一印象は たった一度のチャンス

最初の数秒の「見た目」で あなたのイメージが決まる

“第二印象”はないんです！
1回目から好印象を

当たり前ですが、第一印象は一度しかありません。しかも、最初の数秒で決まるといわれていて、挽回には時間がかかります。初めての人に会うときは特に“見た目”が大事です。

CASE STUDY

最初に決まった印象が長く続く

心理学的に、第一印象の半分以上は視覚からくるものとされています。ここには、例えば遅刻して大慌てする様子なども含まれるでしょう。初対面は思っている以上に重要です。

第一印象がいいと、あとがラク

初対面、きちんと準備していれば

関係を築くのに時間がかかりません

第一印象が悪いと、挽回に時間がかかる

例えば、初回で遅刻してしまうと

挽回への道のりは遠いものです

別れ際は余韻を大切にしたい

最後のシーンはイメージとして残るもの

**心に残るからこそ
最後はキメたい**

最後に見たシーンは印象として残ります。だからこそ、「来てもらえて嬉しかった」という笑顔と、感謝の深い一礼でお見送りを。それがあなたと、会社のイメージにもなります。

エレベーターホールでは扉が完全に閉まって動き出すまで深い礼を

相手がエレベーターに乗って挨拶を交わしたら、最後は自分の足先を見る最敬礼のおじぎで送ります。動き出すまで頭は上げません。

会社やお店の前のお見送りは「見えなくなるまで」が基本

相手が角を曲がるなど、姿が見えなくなるまで見送ります。相手がこちらを振り返って、再度ご挨拶をされたら見送りを終えましょう。

「また来たい」と思われる笑顔の余韻を大切に

最後の表情は特に重要。「お会いできて嬉しかった」という気持ちを伝える笑顔が「また来たい」という相手の気持ちにつながります。

柔らかな空気から一転、メリハリを感じさせる

お見送り地点まで歩きながらは世間話で楽しく。でも、いざお見送りのときには姿勢を正して見送ると印象がアップ。

動作が上品に見える3本の法則

視線を集める指先は親指・人差し指・中指をメインに

基本はいつも「3本指」！
残りはふんわり添えればOK

ささいな所作の美しさや上品さも、大事な見た目力。何かを持つ動作は人の目を集めますが、このときは3本指を特に意識。残りの2本は自然に添えて上品さを演出します。

3本の指で持ったら残りの指は添えるだけ

薬指と小指は、添えないわけではなく、力を抜いてふわっと添えます。小指だけがピンとしないように注意。

仕事で書類などを持つときも3本の法則で品よくふるまいたい。

NG

全部の指で持ってしまうと大胆な印象

5本指全部で物を持とうとすると、ガッシリと安定感がありすぎ、女性らしさが減ってしまいそう。

ワイングラスなど、美しい器を持つときはエレガントさが際立つ。

ただし、指し示すときは5本指を揃えよう

手のひらを開いて使うときは、指を揃えましょう。特にそこに視線が集中する場合は注意を。

案内したり、指し示すときは特に手先を見られるので、指に意識を。

NG

指がバラバラに開いているとだらしない印象に。人差し指で指すのはどんなときでもマナー違反。

「何を着るか」より「どう着るか」

服装は「いちばん外側にある内面」

“服装の乱れは心の乱れ”
あなたの印象に直結

服装がだらしなかったり、チグハグだと、相手の目には「そういう人なんだな」と映ります。つまり「どう見られたいか」を考えたら、清潔でマナーをわきまえた服装になるはず。

CASE STUDY

お手入れの行き届いたものを身につける

アイロンがかかったシャツや磨かれた靴があなたを信頼できる人に見せてくれます。特に大切なミーティングやプレゼンでは、自信にもつながります。まずは習慣づけましょう。

外見には“自分”が表れている

アイロンがけは無心になれて楽しい

とっさに貸したハンカチで高評価

服を整えても靴が汚れていては……

襟元から漂う、きちんとした私

神は細部に宿る

「先」を意識して整える

ただ「飾る」だけが
美しさではありません

モノ作りでよく使われる上の言葉。働く私たちの“見た目”でも同様です。ただ美しく盛る、飾るのではなく、ベースを細部まで磨き、信頼される見た目にしていきましょう。

LESSON 1 ベースを大切にする

やるべきことはベース磨き。しかも、
ベースは一生モノですから、磨いて損はありません！

CHECK ファンデーションよりも肌をきれいに

高いファンデーションを塗るよりも、肌のお手入れをしたり食べるものに気をつけたりしましょう。

CHECK 巻き方よりも髪のツヤ

髪の手入れは印象に深く関わってきます。仕上げだけでなく、日頃の地道なケアも忘れずに。

CHECK 着飾ることより体を整える

体を鍛えることで姿勢もよくなり、シャキッ。自分をしっかり管理できる人、という印象にも。

LESSON 2 さらに「先」を整えよう

「先」がつく部分を美しく磨くと、完成度がアップ。
お手入れのときに意識してみましょう。

指先

カサカサになったり、ささくれたりしていないかチェック。爪は塗らないとしても清潔に磨いて。

毛先

パサついて見える原因は毛先。しっとり手入れされた髪に仕上げるには、毛先までケアを怠らない。

つま先

靴のつま先は、擦れやすく、傷がつきやすい。磨いたり直したり、手入れをすれば長持ちもする。

TPOを意識したコーディネート

場や目的に合った見た目は信頼感につながる

目的はなに？
場に応じて見せる自分は違う

オトナ女子はTPOに合わせたファッションを楽しみながら、好感度もアップ。一般マナーから一歩先を考えてみましょう。“正しい服装”は相手を安心させる効果も。

お詫びに伺うなら
控えめな服装、メイクで

反省や謝罪を伝える日は、とにかく控えめに。肌は厚塗りせず、目元や口元に濃い色は使わない。服装はグレーのスーツがおすすめ。

プレゼンに挑むときは
ちょっとパワー系！

プレゼンや契約など、ここぞというときは、メイクはしっかりめに、ヘアは前髪で顔が隠れないようにするなど工夫して、自分を奮起。

パーティには
華やかさを添えるのがマナー

着飾った女性はそれだけで場を華やがせる存在。パーティでは華やかにすることがマナー。テーマがあれば積極的に身に着けましょう。

作業をするなら
動きやすい軽装が正解

作業日にピンヒールはNG！ ラフなシャツにパンツ、髪はまとめてとにかく動きやすく。ファッションからやる気を伝えるのが大事。

バッグの中にストーリーを

ポーチも、デスクも。意味があると美しい

バッグの中は、
自分の「セレクトショップ」！

ボールペン1本でも、なぜそれを使っているか語れますか？　高級じゃなくても使い勝手や「母親からの贈り物」などストーリーがあるものは、丁寧に生きている証になります。

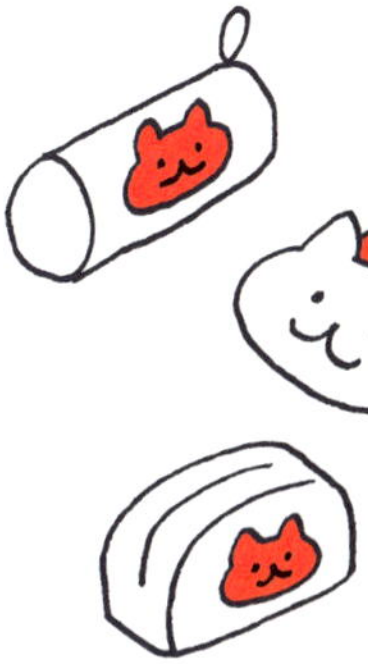

統一感を持つ

自分のテーマカラーやテイストを決めておくのもおすすめ。統一感があるだけで、上質なイメージになり、選ぶのもラクになります。

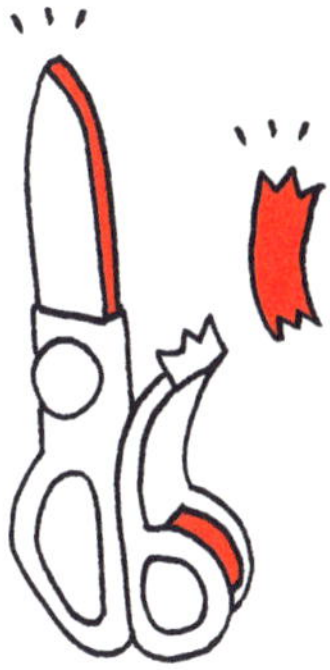

意味を考えて選ぶ

何を買うにしても「なんとなく」ではなく、なぜそれが欲しいかをきちんと考えて買うと、自ずと好きなものに囲まれるようになります。

自分のバッグを俯《ふ》瞰《かん》でチェック

乱雑になってないか、まとまった雰囲気になっているかどうかを、俯瞰目線でチェック。整ったバッグは自分も気持ちがいいもの。

スペシャル感は相手への敬意

特別なものを身に着けたり、用意していくと「あなただからコレを用意しました」というアピールに。特に敬意を払いたいときにぜひ。

「どう見られたいか」を自己分析しよう

なりたい自分を見つけて目標を定めよう

買い物も人間関係も迷わずに進める

自己分析を経て、なりたい自分・見られたい自分がわかると、持ち物やファッションは選びやすく、人間関係もどうしたいかがわかってきます。さらに理想像まで踏み込んでみて。

CASE STUDY 自己分析の方法

雑誌やSNSなどで好き／嫌いを分けてみる

まず自分がどういうものや世界観が好きなのかを、雑誌やSNSなどで分析しましょう。

自分の好みの歴史を振り返ってみる

これまでの好みの変遷から気づくことも多い。書き出してみると自分への理解が深まります。

周りの人に自分のイメージを聞いてみる

自分が思っているキャラと周りの印象は意外と違ったりもする。改めて聞いてみるのも手。

なりたい自分が見つかる

↓

「どう見られたいか」がわかる

イメージに合うロールモデルを見つけよう

服はあの人、笑顔はこの人。具体的に理想の人がいるとイメージが明確になります。

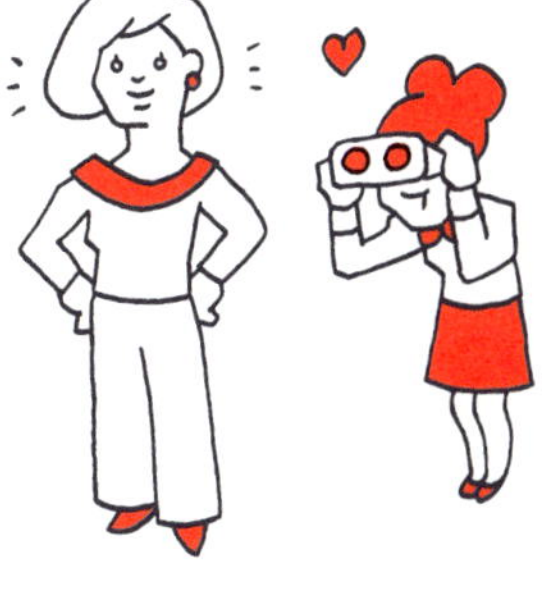

好きなものから見られたい自分を発見

理想の自分がわかったらファッションやふるまいに取り入れて。不要な服は断捨離！

見た目力は飾ることではありません

笑顔と姿勢から始まる、人を幸せにする力です

ピカピカの笑顔は誰にだってできる!

ここでの「見た目力」とは、美人かどうかや高級品を身につけるかという話ではありません。大事なのは、笑顔や姿勢。そして清潔感。誰にでも備わっている力のことです。

Chapter 02

会話力

場に合った話し方を心がける

相手が心地よくなり、もっと話したくなる

聞きやすくて心地いい話し方で、いい会話に

話し方はひとつだけではありません。シーン、内容などによって、話し方を選びます。基本は“相手が聞きやすいこと”。聞き心地のいい話し方は、より会話を弾ませてくれます。

語尾まではっきり話す

張り切って話し始めても、最後にゴニョゴニョ……。最後まではっきり言いきったほうが、相手にきちんと伝わるので少しの意識を。

声の大きさは空間に合わせる

喫茶店で対面して話すなら大声を出す必要はないし、大きな会議室で発言するなら声を張って。空間の大きさと人数によって一考を。

幼い話し方は卒業

ペタペタと甘えた感じで話す人もいますが、オトナ女子には似合いません。家族や彼の前でも、普段から気をつけましょう。

お腹から声を出す

喉からではなく、腹式呼吸にのった声は、相手に安心感を与えることができます。「え？」と聞き返されることが多い人は要注意。

口角を上げて話せば〝笑《え》声《ごえ》〟になる

見えても、見えなくても
伝わる〝ほほえみの声〟

電話で話すときも
ほほえみを標準装備

「ほほえみは標準装備」（P.18）と前に書きましたが、声にも装備します。特に電話は顔が見えませんが、それでも「ほほえみ」は必ず伝わります。話すときは基本的にほほえんで。

CASE STUDY ほほえんでから話し始める

同じ言葉でも口角を上げて話すとまったく違う印象に

同じ言葉を笑顔と、むっつりした顔で言い比べてみると、どれほど感じが違うかわかります。お詫びやお悔やみ以外は「笑声」が仲よくなる近道です。

電話は取る前に笑顔を作って笑声を準備

電話が鳴ったら、取る前にまず笑顔を作るクセをつけましょう。第一声から「笑声」にできると、会社の入り口としての好感度アップにつながります。

電話についてはP.60へ

ポジティブな表現を 選んで使う

事実はひとつでも、 とらえ方はいろいろ

周りも自分も幸せになる言葉を選ぼう

同じ事柄でも、前向きな言葉を使うか後ろ向きな言葉を使うかであなたの印象が変わり、自分自身の気持ちも違ってきます。お互いハッピーになれる言葉選びを心がけましょう。

CASE STUDY

まずは前向きな言葉選びを習慣に

もし、あなたの言葉選びがネガティブになっていると気づいたら、ひと呼吸おいて言葉を選ぶクセをつけましょう。ポジティブな脳を使う訓練を積めば、毎日が楽しくなります。

ポジティブワードで自分革命

仕事を任されるってうれしいこと

「疲れた」より「頑張った」

達成感があり、明日が楽しみ

自分も周りもポジティブムード

表情は相手の鏡に

テンションを合わせることで共感できる

基本は笑顔、ときには寄り添って

普段から口角を上げていることは大事ですが、相手が悲しみに暮れているときは、また違います。考え方はシンプル。表情は相手の気持ちに寄り添って、鏡になればいいのです。

距離が縮まる

鏡になって表情を合わせると、相手は心の垣根が低くなったと感じます。仲よくなる近道は表情作りかもしれません。

共感が伝わる

どんなに心配したり、一緒に喜んでいても、伝わらなければ意味がありません。顔に出すことで、気持ちを伝えましょう。

安心感がある

嬉しい気持ち、悲しい気持ち。あなたが同じ気持ちでいてくれると思うと、相手は安心します。寄り添うことを意識して。

人と話すときは“おへそビーム”を発射!

体の中心から相手と向き合う

コミュニケーションの基本はこれ!

会話中だけでなく、挨拶をするとき、スピーチなどの話を聞くときも、おへそから相手の方を向きましょう。相手に聞く姿勢が伝わり、自分自身も話している意識が明確になります。

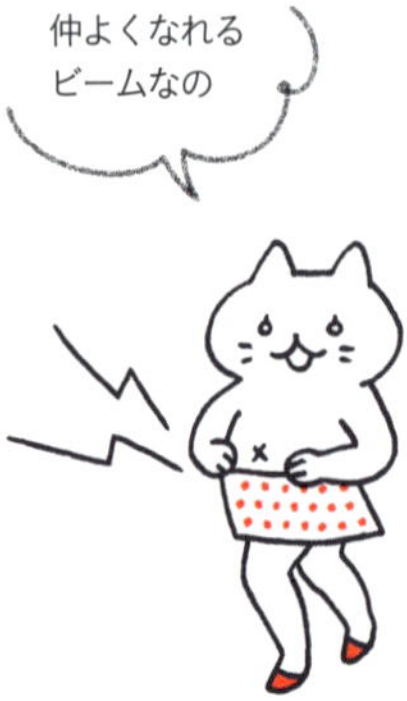

おへそからしっかり相手の方を向く

立っているときはもちろん、座っていても姿勢を正し、おへそから相手の方を向きます。これだけで相手の好感度がアップ！

NG

顔だけ向けても✕。腰から動かして

パソコンで仕事中に声をかけられたら、一旦しっかりと手を止めて、おへそから相手に向き直ります。“ながら”返事は絶対ダメ！

自信がないとおへそを隠しがち

相手に対して自信がないと、大事なおへそを隠したくなります。背筋をまるめたり、体をそむけたりしないように注意しましょう。

大事なおへそを向けることは気持ちを伝えること

もともとお母さんとつながっていたおへそはとても大事な場所であり、お腹の真ん中。そこを相手に向ければ気持ちが伝わります。

あいづちに心を込める

最高の「はい」に、相手はもっと話したくなる

「はい」をうまく言えているか、確かめてみよう

会社で一番多く口にするのは「はい」ではないでしょうか。毎日の「はい」を上手に言えれば、信頼関係と好感度アップにつながるはず。2文字ながら、実は大切なひと言なのです。

おへそを向けて、しっかり相手の目を見る

あいづちも会話ですから“おへそビーム”が大切。たった2文字の返事でも、必ず相手におへそを向けて、目を見て力強く「はい」！

あいづちのトーンは相手次第

表情と同じように、口調のトーンも相手に合わせます。いいニュースなら嬉しそうな「はい」、怒られているときは反省の「はい」を。

あいづちの目的は「聞いている」と伝えること

上手な「はい」が言えると、相手に“きちんと聞いて理解した”ということが伝わります。これこそ、コミュニケーションの要です。

NG

NGあいづちに注意しよう

ありがちなのが気の抜けた「はぁ」や「はいはい」。目上の人に向かっての「なるほど」（2回繰り返すのはもってのほか）は失礼です。

うん
はぁ
へー
はいはい
ですよねー
なるほど
なるほど

雑談こそが心を開く鍵

小さな時間もちょっとした言葉を交わす

ふとした間《ま》に交わす言葉が距離を縮める

「雑談力」なんて言葉があるほど、雑談は重要なコミュニケーションスキル。お客様を会議室に案内する間のちょっとの会話が会社の印象をよくしてくれることもあるのです。

相手の変化に気づいて会話の糸口に

小さな変化でも会話のきっかけにすれば、きっと「見ていてくれるんだな」と伝わります。

例 **「髪を切りましたか？お似合いですね」**

天気や暦はテッパン！天気予報で情報収集

一番無難なのが天気や暦の話題。天気予報やテレビの情報番組などでその日の話題を収集しておく習慣を。

例 **「今日は冬至ですね。ゆず湯は入りますか？」**

ご近所トピックを仕入れておく

特に遠方からのお客様には、ちょっとしたトピックを。ランチタイムならおいしいお店をすすめても。

例 **「会社の裏に桜のプチ名所がありますよ」**

NG

なんでも話せばいいというものではなく、雑談にもマナーがあります。自分が言われて嫌なことはNG！

人の噂

いい悪いにかかわらず、人の噂話を嫌う人もいます。特にプライベートに踏み込んだ話題は避けましょう。

身体的な特徴

ネガティブになり得る体の話題は避けるのが正解。ダイエットをしていた人に「痩せましたね」は◎です。

不確定な情報

会社の人事や新製品の開発にまつわることは当然、社内でも、不確定なことは話題にしないのがルール。

話がわかりやすくなる黄金の3ルール

①結論・要点　②理由　③まとめ
を心がける

話すコツをつかめば
説明は楽になる

特に大勢の人や上司に対して、説明や報告をするのは緊張してしまうもの。話を簡潔にするコツは「順番」です。①〜③＋ひと言を心がけて、まずは挑戦してみましょう。

①結論・要点

会議の場所が○○に
変更になりました

まず、いちばん大切な「結論」を口に出しましょう。先に理由などを説明してしまうと、「で、なに？」と思われてしまいます。

②理由

いつものところが
工事で使えません

結論を言ってから、なぜそうなのかという理由や事情を簡潔に説明しましょう。理由がわかると相手は安心して、理解も深まります。

③まとめ

ですので、今日の
会議は○○で行います

①と②をまとめて再度確認します。①とサンドイッチにすることで、話がわかりやすくなり、印象・記憶に残る話し方になります。

＋ひと言添える

お間違えなく！

ほかにも、外に出るなら「お気をつけて」「寒いので暖かくしてください」など、相手をねぎらうようなひと言を添えるのもおすすめ。

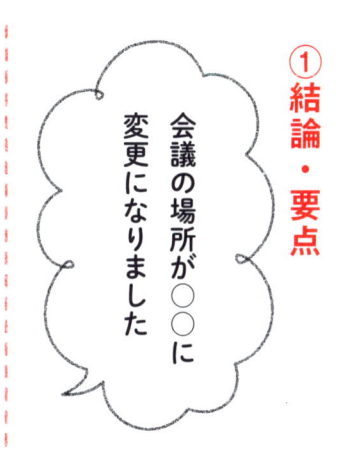

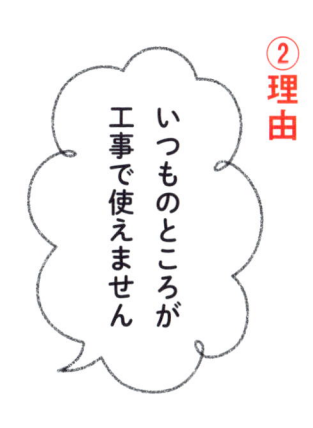

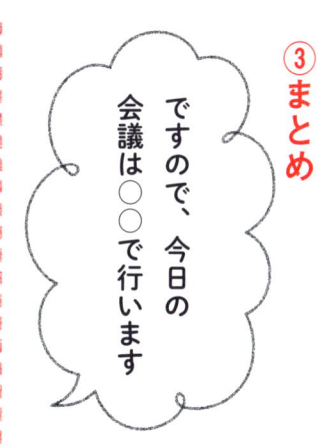

言葉は見ている先に飛んでいく

複数の人と話すときは、伝えたい相手に視線を送る

言葉の行き先は視線の方向にある

見ていない方向に言葉を伝えるのは難しいもの。ですから、特に複数の人の前で話す場合は、伝えたい相手をしっかりと見て。みんなに伝えたい場合も、一人ひとりを見渡そう。

伝えたい相手を見ながら話す

一対一の場合はもちろん、何人かでの打ち合わせでも、特に伝えたい相手を見ながら話すこと。他社との打ち合わせで上司ばかり見てしまう人は要注意。

ダメ押しするときは目ヂカラを！

確実に伝えたいときは、最後に視線をしっかりと止めて「ねっ」とダメ押し！　忘れてほしくない連絡事項を伝えるときなどに有効。

たくさんの人に伝えたいときは視線を流して全体を見渡す

多くの人にまんべんなく伝えたいシーンでは、ゆっくり見渡しながら話して。特に、遠くの人に向けて話すと声が通りやすくなります。

慌てそうになったら話し方を整理する

ロジカルな話し方は、わかりやすくて自分の緊張もほぐれる

**プレゼンなどでは
わかりやすさが重要**

プレゼンや発表などで話す際は、内容が伝わるようあらかじめ台本を準備する人は多いでしょう。台本を作る時間がなければ、ポイントや順序だけでも必ず整理して挑みましょう。

ナンバリングする

「ポイントは3つ、まずひとつめは……」というように数字で整理すると、相手も自分もわかりやすくなり、メモもとりやすくなります。

全体を話して、部分に絞っていく

「ホールパート法」と呼ばれる基本的な話し方で、全体を説明してから、細部をひとつひとつ説明するというスタイルです。

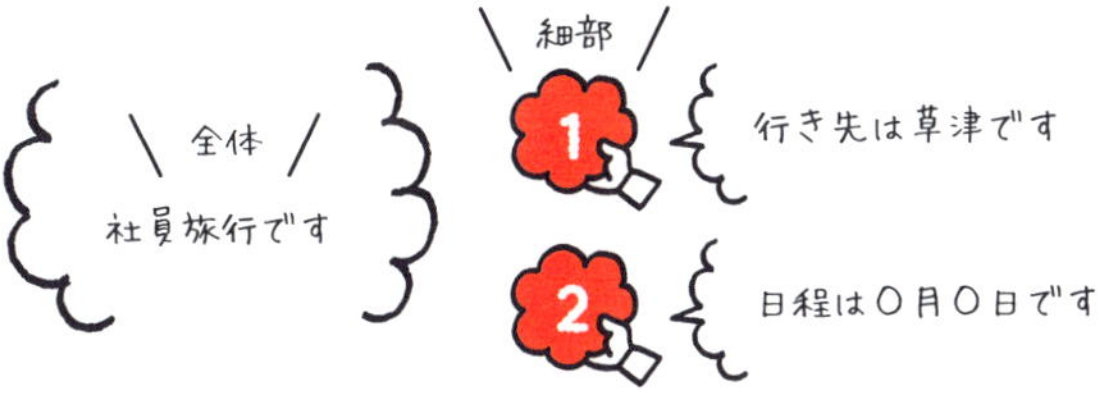

“ネガ・ポジ”法で話す

先にネガティブな面を話してからポジティブな面を話すという話し方。ネガティブな面がそれほど重くなくなるので、よく使われます。

顔が見えない電話は声とタイミングが大事

苦手な人も増えているから、気配りが必要

**相手の負担にならない
電話を心がけたい**

メールの普及により、「電話が苦手」という人が増えています。それでも仕事では電話が必要なシーンも多く、ならば少し気を使って、相手が気持ちよく話せるようにしたいものです。

〝笑顔の声〟を出して感じのよさを伝えて

P.42にもあるように、ほほえみの声＝笑声は電話でも伝わります。クレーム対応などを除けば、最初のひと言から最後まで口角を上げて。

ワントーン高い声で話すようにしてみる

機械を通すと、少し声が低く聞こえるものです。電話のときはワントーン高めに声を張って話したほうが相手に伝わりやすいでしょう。

相手のタイミングを想像して気配りを

タイミングの悪い電話はそれだけでよくない印象。相手が忙しい時間（飲食店ならお昼時など）、都合を考えない電話は避けて。

場所や状況を考えて落ち着ける環境で

携帯電話なら、相手に聞き返されない静かな環境からかけましょう。電話を受けたときも落ち着かない環境なら折り返してOK。

苦手な人も多いけど…

もっと電話をとりたい理由

「電話は苦手」と避けるのではなく、積極的にとりましょう。電話は会社の入り口のひとつで、その対応は責任ある仕事。電話をとるメリットはこんなにあります。

POINT 1 苦手意識を克服できる

子供の頃から携帯電話が当たり前の世代。誰からかかってくるかわからない固定電話に苦手意識を持っている人が多いようです。これを克服するには回数あるのみ。新人任せにせず、積極的に“電話番”を務めましょう。

POINT 2 社内外のことを学べる

電話のとりつぎは重要なコミュニケーション。また、社内外を問わず、誰がどんな相手とどんな仕事をしているかを学ぶことができます。取引先やお客さまの会社名や名前、関係性を知るチャンスです。

POINT 3 名前を覚えてもらえる

電話をとりついでいると、よく話す相手には名前を覚えてもらえます。いざ自分がその人と仕事をするとき「いつも電話をとってくれる○○さんだね」と、初対面から親しみを感じてもらえることもあるかもしれません。

POINT 4 話の練習になる

仕事を任されることが増えるにつれ、知らない人と話すシーンもたくさんあります。電話で見えない相手と会話をすることは、知らない人と話すための練習にもなるのです。こちらも場数を踏みましょう！

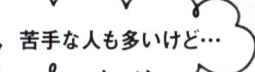

切る瞬間まで
感じがいい

電話のコツ

感じのいい電話の受けこたえは、コミュニケーションを円滑にしてくれます。電話ごしにも人柄は伝わります。印象のいいやりとりができるようになりたいものです。

かける

落ち着いて話す
コツは準備にあり

電話をかけるのに緊張するようなら準備あるのみ。メモや資料、ときには話すことをリスト化してもいいですね。

受ける

社の代表として
お世話になっています

初めて話す相手でも「お世話になっております」。会社として堂々と、感謝を込めて挨拶しましょう。

受ける

どんな電話も
丁寧に対応する

電話は会社の入り口。あなたの印象が会社の印象になります。営業電話などでも必ず丁寧な対応を心がけましょう。

確認する

重要な数字は
言い換えて復唱する

数字などは聞き間違えると大問題になることも。1時を「13時ですね」と言い換えるなどして確認を忘れずに。

とりつぐ

いるかいないかを
確認する電話はない

電話を受けてとりつぐ相手が不在の場合、折り返させる、戻り時間を伝える、代わりに用件を聞くなど必ず対応を提案して。

切る

まずはフックを
そーっと押して

いきなり受話器を置くと、「ガチャ切り」になりかねません。あいている方の手でフックをそっと押してから置くこと。

社内での相談・報告は順番も重要

直属の上司をたてる

大事な話はまず誰に話すかが重要です

例えば退職願などの重要な話は、誰にはじめに話すか迷います。いい話でも悪い話でも、まずは“直属の上司”に。仲がいいからといってさらに上の上司や先輩から話すのは✕。

相談したら結果報告を忘れずに

相談しっぱなしは無礼。
悪い結果でも必ず伝えよう

**相談された側も
きっと気になっている**

ちょっとしたことでも、相談をしたら必ず報告しましょう。いい報告はする人が多いのですが、悪い報告や進捗がないと、そのまま放置する人が意外と多いので気をつけましょう。

自己紹介で　プレゼンで　面談で

「話す」のさしすせそ

味つけの順番だけではなく、話し方のコツにも“さしすせそ”。
特に人前で話すときは思い出して、緊張を払拭しましょう！

さ　最高の状態をイメージ

イメージトレーニングは大切。自分の成功体験だけでなく誰かのスピーチなどを思い浮かべても◎。うまく話しているイメージが大事。

し　姿勢よく

姿勢は声と連動します。背筋が伸びると呼吸が深くなり、声が堂々と豊かに響くのです。話す前に大きく息を吸って背筋を伸ばして。

す　スマイルで

やはり「笑声」を出すのはとても大事。悲しい話以外は、まず笑顔を作りましょう。人を惹きつける、聞きごこちのいい声色になります。

せ　誠実に

「誠実に伝えたい」という気持ちも、声色にも口調にも出るものです。どんな小さな連絡事項でも、誠実に伝えることを心がけます。

そ　「そ」がつく言葉を大切に

「そうなんですね」「それからどうなったんですか？」……「そ」は会話をつなぎ、やわらげます。「そ」に力を込めて発音しましょう。

Chapter 03

感謝力

「感謝」のパワーを知ろう！

感謝の気持ちは伝染して、みんなを幸せにする

感謝されて嫌な人はいないのです

「ありがとう」という言葉は、ポジティブな気持ちのやりとり。不快に思う人はいないのです。ですから、心で感謝するだけではなく、口に出して表現するのが大切というわけ。

CASE STUDY

「ありがとう」は自分も周りも幸せにする

誰かが手を差し伸べてくれたり、気を配ってくれたりすると、人は「ありがとう」という気持ちになります。感謝を伝えることで、助けられた方も助けた方も幸せな気持ちになるはず。

感謝は伝染する

「ありがとう」を伝える

「またしてあげたい」と思う

感謝されて嫌な人はいない

感謝されて嫌な人っている？

なんだか幸せな気持ち

ありがとうには理由と名前を添える

相手も「やってよかった」と思うことができる

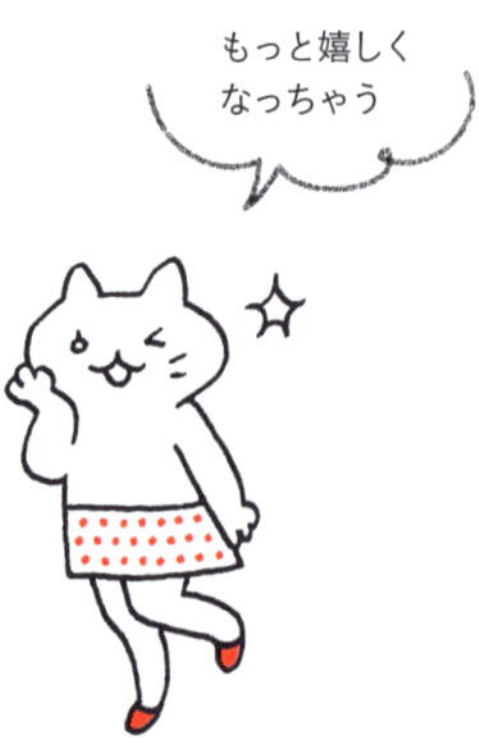

なぜ感謝したのかを明確にして効果倍増

ただ「ありがとう」で済ませず、その理由を添えると感謝された側がいっそう自覚できます。また、相手の名前を添えることで心理的な距離が縮まり、感謝が深まるのです。

CASE STUDY

「ありがとう」にも上級テクがある

もちろん、シンプルな「ありがとう」でもいいのです。が、さらに感謝の気持ちを表す言葉を添えれば、相手に深く届きます。自分だったらどう言われたら嬉しいですか？

落とし物を拾ってもらった

「ありがとう」だけでもいいけれど

「拾ってくれてありがとう」の方がいい

「大事な人からもらったものなの。
本当にありがとう」はもっといい

とっさに伝えられるフレーズをたっぷり用意する

「ありがとう」だけじゃない心のこもった感謝の言葉

感謝の言葉ストックはいくらあってもいい！

シーンに応じた感謝の言葉を、いつでも出せるように自分の中でストックしておきましょう。ほかの人に言われて「そのフレーズ素敵！」と思ったら、マネをしてもいいんです。

ありがとう、
嬉しくて泣きそう！

仕事というよりも、大切な人への感謝。感情的になってもいいシーンなら「泣きそう」「信じられない！」などの気持ちを表現して。

感謝の気持ちでいっぱい。
なんと言っていいのか……

部署が変わるときなど、みんなに感謝を伝えたいシーン。どう表現していいかわからない（ほど感謝している）、と率直に口に出して。

おかげさまで／
お力添えのおかげで

目上の人に対しての感謝は決して「上から」の表現にならないよう注意します。ひと言添えるのを習慣づけ、相手を立てましょう。

お礼は進行形がおすすめの理由

もちろん間違いではないのですが、現在形のお礼のほうがこれからも関係がつづくと感じさせる余地があります。

○ ありがとうございます

△ ありがとうございました

メールのお礼フレーズはP.108〜109

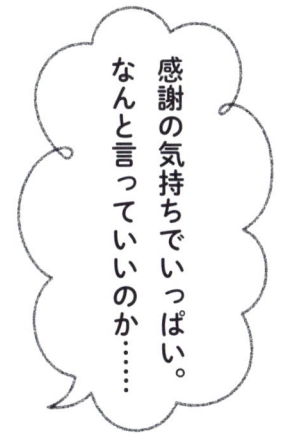

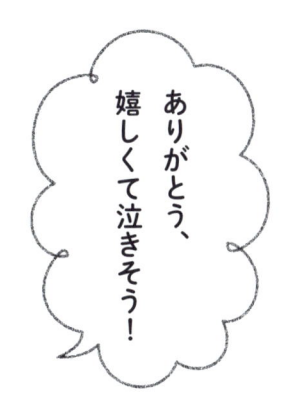

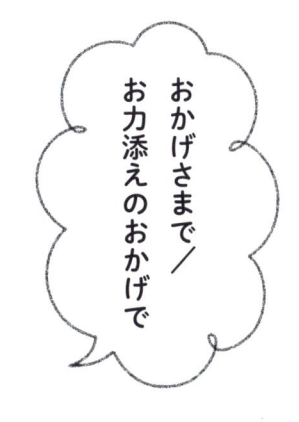

反射で感謝

最初のお礼は鮮度が大事！

**ありがたいと思ったら
すぐに感謝を伝える**

以前に比べ、コミュニケーションのスピードが速くなっている時代。感謝のファーストリアクションも早いほうがいいんです。なにかしてもらったらお礼を打ち返すくらいでOK。

POINT 1

感謝したらすぐに行動する

「お礼に何か……」などとゆっくり考える前に、まずは最速の方法でファーストリアクションをしましょう！

LINE

LINEを知っているなら、やはり最速。例えば、会って誕生日を祝ってもらったなら、その日のうちにLINEで嬉しかった気持ちを伝えて。

メール

仕事相手に感謝を伝えるときは、やはりメール。その日のうちか、夜の会食などは翌朝相手が出社する前に伝えられるといいですね。

口頭

目上の人には、とにかく早く顔を合わせてお礼を言うのが一番です。もし会えなくても伝言を残すなどして、お礼の痕跡を残しましょう。

POINT 2

セカンドアクションはゆっくりでもOK

何かしてもらったお礼にプレゼントなどを考えている場合は、まず先にファーストリアクションをしておいて、次なるお礼をゆっくりと、計画的に実行します。

お礼状

直筆の手紙は嬉しいものです。LINEやメールをしたあとでも、ゆっくりと丁寧に書いたお礼のカードや手紙を送ってみましょう。

プレゼント

相手の負担にならないちょっとしたプレゼントはセカンドアクション向き。吟味した時間も気持ちになります。（詳しくはP.78へ）

お礼を言うときはとびきりの笑顔で

その一瞬に礼を尽くし、気持ちを込める

いい笑顔が、いい「ありがとう」を作る

「ありがとう」と仏頂面で言っても、「本当に嬉しいの？」と思われてしまいます。最高の笑顔こそが、感謝の言葉の質を高めてくれるエッセンス。不器用でも、まずは笑って。

POINT 1

感謝を伝えるときの姿勢

お礼を言うときには、打ち解けた間柄でも、しっかり礼を尽くすのが大切。ほんの一瞬でも気を引き締めてみて。

目を見る

言葉は見たところに飛んでいきます。相手の目を見て話します。

とびきりの笑顔

「ありがとう」の気持ちを伝えてくれるのはなんといっても笑顔です。

おへそビーム

体の中心が違う方向を向いていては、気持ちは伝わりません(P.48)。

手を揃える

頭を下げるときはきちんと手を揃え、心から感謝しながら一礼。

立つ／立ち止まる

もし座っていたら立って、歩いていたら立ち止まってお礼をします。

POINT 2

みんなの前でもOK！

みんなの前でお礼を言うと、その人を立てることにもつながります。嫉妬を招くようなことでなければ人前でのお礼は◎。

感謝を形にする

言葉に小さなプレゼントを添えて

本当に気軽なものでいい、
嬉しさを伝えて

例えば、缶コーヒー1本でも、相手は「してあげてよかったな」という気持ちになるでしょう。相手の負担にならない程度の小さな贈り物は、感謝の連鎖にはすごく効くのです。

POINT 1

小さなプレゼントの選び方

大事なのは気持ち的にも物理的にも重すぎないこと。気持ちさえ伝われば、金額は少額のほうがいいくらい。

お土産

外出や帰省、旅行のついでに買ってきても。旅先でも心がけてくれた、と喜ばれるはず。

好きだと聞いたもの

感謝だけでなく、普段の会話をちゃんと聞いていて、相手を思いやっていることが伝わります。

栄養ドリンク

コンビニで買えるドリンクは忙しい人に。女性なら美容系のドリンクもきっと喜んでくれます。

POINT 2

感謝の言葉を添える

お礼の小さなプレゼントには、直筆のメッセージを添えてみませんか？　こちらも重すぎない程度のメモ書きでOK！

プチカード

名刺大のカードはデスクや財布に常備。ちょっとしたときに書いて添えましょう。

付箋

仕事で使う付箋に言葉を添えて。「ワイロ」などと書かれたユニークなものもおすすめです。

手紙

ゆっくり話したいけど時間がないなど、伝えたい想いがしっかりとあるときに書きましょう。

イラッとしたら
感謝で解消

自分がラクになり、
上向きになる

「感謝」は自分の
心にも効くんです

毎日の生活では、ついイラッとしてしまうこともあるでしょう。そんなとき、感謝に置き換えられないかを自分で想像してみて。「これって幸せかも」という角度が見つかります。

例

また彼が遅刻……

待てる彼がいるって幸せ♥

好きな人を待つ時間って楽しい、という初心を思い出して。待ち時間にできることを予め用意していくのも「イラッ」の防止になります。

例

上司から大量の指示

任せてもらって嬉しい！

たくさん仕事が与えられるということは、信頼され任されているということ。信頼感に感謝します（物理的に無理なときは相談を！）。

例

ツライ満員電車！

日本って安全で真面目な国だなぁ

毎日満員でも事故や事件が少ない日本の交通事情は世界随一。通勤時間帯を変える、スマホで英会話や落語を聞くなどの対策も一考。

例

母親が口うるさい……

アドバイスとしてキャッチアップ！

母親などからのお小言は、助言ととらえて。そんな“アドバイス”をもらえるのは若いうちだけ。一回きちんと耳を傾けてみましょう。

「感謝ノート」をつけてみる

日常の感謝に気づきやすくなる

感謝がメインの日記は
気づきがたくさん！

寝る前に「今日感謝したこと」を書き出します。誰に何をしてもらって嬉しかったか、天気やニュースについてでもいいのです。頭を幸せな気持ちで一杯にして眠りましょう。

STEP 1

寝る前に今日感謝したことを書き出してみよう

やることはシンプル。ノートなどに「今日の感謝」を書くだけです。たくさん書けない日でも、何か思い出してみましょう。

- **お気に入りのノートと筆記用具を使う**

好きなデザインの文具で気持ちを上げるのも大切。おすすめは手書きですが、外で見返すならスマホでももちろんOKです。

- **最初は5個、慣れてきたら10個書き出そう**

なかなか思いつかない日でも、決めた個数まで頑張って。日中も感謝に気づくことが増えるので書き出せるようになります。

- **どんな小さなことでもOK**

「天気がよかった」くらいのことでもいいので、小さなことでも書き出してみます。きっと自分の中に気づきがあります。

STEP 2

毎日つづけるとこんなことが起きる

ノートに淡々と綴るだけでも気持ちがあったかくなるはず。心のポジティブスイッチが入りやすくなってきます。

- **日常の感謝に気づきやすくなる**

ふとしたことに「これ、今日のノートに書こう」と気づけるようになります。自分から感謝を探しに行くくらいの気持ちで。

- **落ち込んだときに読み返すと励ましになる**

自己嫌悪に陥ったり、ツラいとき。自分自身にまつわる幸せなことで溢れたノートが、いつの間にかバイブルになります。

- **睡眠の質が上がる**

寝しなに頭に入れる情報は睡眠に関わります。脳を感謝のイメージで一杯にして眠れると、きっといい夢が見られます。

自分の感謝力をチェックする

ちゃんと伝えているか確認して、感謝力を鍛える

自分の感謝力を知ればもっと上手になれる

感謝を「言えているか」ではなく、「できているか」をチェック。前ページの感謝ノートを書くことでも鍛えられますが、感謝できることを見逃していないか、振り返ってみて。

感謝力チェックリスト

☑ してくれたことを当たり前と思っていない？

定期的に身の回りの感謝を総チェック。お母さんが毎日ごはんを作ってくれるって、実はすごい。そんなふうに思うことができたら◎。

☑ 気づいていない感謝はない？

例えば「あの人はいつもゴミ箱を片づけてくれているな」。そんなことにふと気づいたら、感謝力アップ。改めて本人に伝えて！

☑ 「ありがとう」をちゃんと言えている？

感謝はしてるんだけど、伝えてないのは✕。相手に伝えてこそ、感謝は成立します。意識的にどんどん「ありがとう」を口にして。

もし言い忘れたお礼があったら
遅くても必ず伝えよう

気づいていなかった感謝、言葉にできなかった感謝は、時間が経っても改めて伝えてOK。きっと喜ばれますよ！

遅くなっちゃったけど
あの時は本当に
ありがとう！

“お詫び力”も感謝力のひとつ

謝罪と感謝でチャンスが生まれることもある

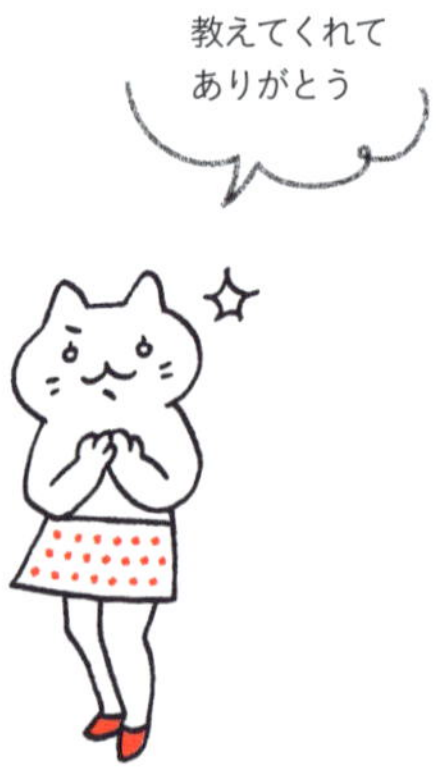

正しいお詫びが新しい関係を生む

謝罪は誰もが気が重いものです。でも、素早く正しい対応に感謝を添えれば、逆に信頼感が生まれることもあります。自分を責めるのではなく、未来を見つめ、感謝できる力を。

お詫びには必ず感謝を添えて

相手の指摘が自分の成長につながったと考えれば、感謝の気持ちが芽生えます。

お詫びはスピード最優先！

謝罪はとにかくスピードが肝心。まずは電話などで最初の謝罪を。躊躇している時間はありません。

相手の気持ちを想像して心からの謝罪をする

ただ「許してほしい」そして「感謝」だけでは自分の都合ばっかり。相手の心情に寄り添うのが最重要。

「すみません」は封印しよう

「申し訳ございません」が正解。「本当に」を「誠に」にするなど、選ぶ言葉で印象も変わってきます。

どっちが先？

感謝力が上がると幸福度もアップ

感謝と幸せは密接な関係にあります。毎日の生活の中に感謝を見つけることができれば、どんどん幸せな気持ちになれ、コミュニケーションも円滑になります。感謝力はあなたの「幸福度」にどう作用するのか見てみましょう。

CHECK

感謝が幸福の種になる

感謝ノートをつけたり(P.82)、感謝力をチェックしたり(P.84)、感謝を積極的に見つけることで、「嬉しいな」という気持ちも増えていきます。ポジティブ思考が定着し、毎日がハッピーになりそう。

CHECK

感謝で心身が健やかに

生活の中に感謝を見つけるのが上手になると、イライラが減っていくでしょう(P.80)。イライラしてストレスをためることがなければ、心が健康に。そして、体の健康にも大きく作用するのです。

CHECK

感謝が幸福を呼び寄せる

上手に感謝を伝えることができれば、相手は「またしてあげたいな」という気持ちになります。これこそ、感謝の連鎖であり、嬉しいサイクル！　当たり前と思わずに、素直に気持ちを伝えましょう。

CHECK

人間関係が良好になる

オフィスでも家庭でも、それまで伝えていなかった感謝をきちんと伝えるようにすると、みるみる関係がよくなります。最大のストレス要因といわれる人間関係が改善すれば、幸福度もアップします。

Chapter 04

メール力

用件・相手によってツールを使い分ける

相手の都合を想像してみると正解がわかる

**どの方法がやりやすい？
相手に合わせるのがコツ**

仕事でもプライベートでもコミュニケーションツールを選べる時代。最近は仕事でもメール以外のツールを使うことが増えています。相手の都合や仕事の仕方を尊重して選びます。

TOOL 1 メール

最近ではビジネスコミュニケーションの主役は電話からメールになり、基本的にはメールを軸に仕事が進められています。

メリット

1 仕事のやりとりの王道！

以前は「まず電話」だった仕事のやりとり。現在では電話をせず、メールから始まるビジネスも増えています。

2 多くの人が使っている

会社員でメールアドレスを持っていないということはまずありません。世界中の仕事をする人が持っています。

3 失礼ということはほとんどない

初回こそ手紙や電話を使う場合もありますが、その後のやりとりはほぼメールでも失礼なことはありません。

4 じっくり内容を書ける

電話だと急な対応は難しいけれど、メールなら言葉を選んだり、データを用意することもできます。

5 相手の都合を邪魔しない

最近は「突然の電話に時間を奪われる」と感じる人もいます。また、時間を気にせず送れるのもメリットです。

注意点

1 即レスは期待しない

最近は即レスをする人も増えていますが、期待すると返事がこないことにイラッ。気長に待ちましょう。

2 画像などのやりとりはひと手間かかる

スマホなどで瞬間的に画像を見ることに慣れてきているので、添付ファイルを開くのがひと手間と感じるかも。

TOOL 2 LINE

業種によっては仕事のやりとりに使う人も増えています。特に接客、営業など、お客様相手のときは気遣いをお忘れなく。

メリット

1 即時性が高い

仕事中にLINEを使っていい職場であればほとんどの人が通知設定をオンにしており、すぐに見てもらえます。

2 挨拶は不要

LINEでは基本的に挨拶なしで送ってもマナー違反にはなりません。が、気配りの言葉を添えると好印象。

3 画像が送りやすい

なんといっても、スマホで撮った写真をそのまま手間なく送れます。言葉で説明するのが難しいこともすんなり。

4 未読／既読がわかる

返事がなくても「既読」なら読んでもらっていると解釈。ずっと未読の場合はほかの方法でコンタクトしましょう。

5 相手次第ではスタンプで気軽に返事

気心の知れた相手なら、スタンプひとつだけでの返事もOK。それでスムーズに運ぶのならば取り入れてよし！

6 メッセージの送信取消ができる

現バージョンでは未読ならメッセージを取り消せるようになったので、誤送信しても瞬時に対応すればセーフ。

注意点

1 深夜や早朝は避ける

即見られるだけに、プライベートな時間に送るのは避けて。「返事不要」と書いても、相手は気になるものです。

2 機密事項は送らない

どこから情報が漏れるかわかりません。重要なことをLINEでのやりとりで扱うのはリスクがあります。

3 「友だち自動追加」機能はオフに

スマホの連絡先などから自動で追加される機能。仕事で使わない場合は特に、必ずオフにしておきましょう。

TOOL 3 メッセンジャー

フェイスブックの利用者同士で使えるメッセージ機能。社内外を問わず、チームで動くときは特に便利です。

メリット

1 グループでのやりとり向き

LINEもグループにはできますが、承認し合っていないメンバーでも確認でき、公式に採用している企業も。

2 世界レベルで利用者が多い

世界規模で見ると、LINEよりも使っている人が多く、海外の相手とも瞬時にコンタクトが取れるツールです。

注意点

1 使っていない人がいることも忘れずに

フェイスブックを使っていない人は、使っている人からは意外に思えるほどいるもの。確認して使用すること。

2 機密事項は送らない

LINEと同様に機密事項を送るにはリスクがあります。「メールを送りました」の連絡だけにとどめましょう。

TOOL 4

ショートメール

LINEの交換などをしていない場合の短い文字でのやりとりに。初回にメールアドレスを教え合うときなどにも使えます。

メリット

1 携帯電話番号さえわかれば使える

移動中に急ぎの連絡をしたいときなどは、最近では携帯電話にかけるよりもスムーズ。見てもらえる率も高い。

2 どんな携帯電話でもほぼOK

最近は携帯電話のメールアドレスも絶滅寸前。ガラケー相手でも送れるのが、ショートメールのいいところ。

注意点

1 未読／既読がわからない

特に初回は反応がないと不安ですから、逆に受け取ったらお返事を。「○○です」と名前を添えるのも忘れずに。

2 海外にいると使えない場合がある

Wi-Fiがオンでも、電話の機能を切っていると使えない場合があり、特にエラー通知も届きません。

新しいコミュニケーションツール、どうつき合う？

最近、利用者が急増している「Slack（スラック）」をはじめ、コミュニケーションツールは日々進化しています。Slackはビジネスチャットに特化したツールで、チームでのプロジェクトに便利です。このように、これからもさまざまなサービスの新ツールが誕生するはず。仕事が効率化されるのは嬉しいことですから、気を配りながら前向きに取り入れましょう。

想いを言葉に乗せて

冷たい印象になりかねないメールに人間味をにじませる

ほんのひと言を添えて
感じのいい印象を広げて

メールは文章でシンプルに用件を伝えることができます。ですが、一方で語尾やニュアンスによって、同じ内容でも印象が変わります。ほんの少しの気遣いで温かみを添えて。

CASE STUDY

心遣いのひと言で距離が縮まる

仕事の進捗状況だけでなく、例えば季節や天気にまつわることや、相手の体調や仕事の状況を慮る心遣いを言葉にして添えます。そのひと言で一緒に仕事をしたくなることも。

具合が悪くて休んだ日

相手の状況を想像してみて

お互い、一緒に頑張ろう！と思える

季節の挨拶もおすすめ

ビジネスメールで時候の挨拶は不要。でも、誰とでも共有できる季節の言葉はあるとうれしいもの。

- **春** 桜も満開に近づき、景色が華やいでいますね
- **夏** 今日はまだ涼しいですが、いよいよ夏本番ですね
- **秋** 今朝は涼しくてびっくりしました
- **冬** 部内でも風邪を引いている人がちらほら

相手が読みたくなる件名をつける

内容が伝わりやすければきちんと開封してもらえる

用件がわかれば、相手はもっと“知りたくなる”

最初に目に入るメールの件名は重要です。お互いに多くのメールをやり取りする中で、件名は“第一印象”みたいなもの。第一印象と同様に感じのよさを伝えられるのです。

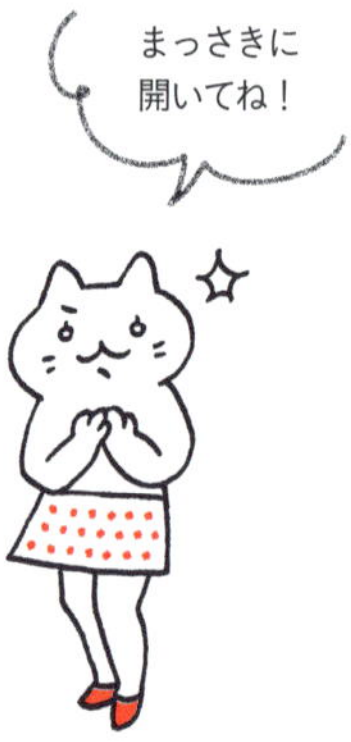

【】などを利用して用件を明確にする

【 】は目を引く記号。件名の頭に【お誘い】【発送しました】【再送】などと、用件が一目瞭然になるようにしたいときに使うと便利です。

長すぎる件名は伝わらない

ひと目で用件がわからない件名は不親切。また、メールをスレッド管理する場合、ずっとその件名でやりとりするのは不便です。

送信者名を入れるとわかりやすい

相手が似た案件をたくさん扱っている場合、件名の最後に（）や／で区切って、名前を入れると親切です。ファイル名にもおすすめ。

メールの件名
よい例／悪い例

○【ご連絡】アドレスが変わりました（A社○○）

× アドレス変更のお願い

【】で目を引き、どの会社の誰かが明確。下はスパム認定されそうです。

○【△△の件】チェックのお願い（A社○○）

× 至急チェックお願いします（○○）

いくら急いでいても「至急」は失礼。件名は体言止めで簡潔に、でOKです。

○ 2/1（金）10時△△会議の確認事項です（総務・○○）

× 明日の会議について（総務・○○）

みんなたくさんの会議を抱えており、「明日の」ではどの会議か不明瞭。

まだある！

メールの件名のテクニック

最近では、ビジネスメールのマナーも確立され始めています。
自分が見やすいと思ったテクニックはどんどん取り入れて！

件名は変えずに返信するのが主流です

メールをスレッド管理する人が増え、件名を変えるとスレッドが新しく立ってしまいます。1案件、1スレッドにまとめましょう。

スパム認定されにくい件名をつける

メールがスパム認定されて別のフォルダに入ってしまうのは、事故のもと。例えば「ご相談です」といった漠然とした件名は避けます。

返事を促すときは【再送】でやんわりと

なかなか返事がもらえないとき、「もしかして届いていないのでは？」という“体裁”で、再度メールを送って催促するのがマナー。

間違いメールを送ったら即【訂正】

間違った内容のメールは、件名に【訂正】をつけて送り直します。添付忘れなら、【再送】で、前のメールに添付がないことを明記。

CCとBCC

チームでの作業が増えると、「CC」「BCC」を使うシーンも多くなります。その使い方のマナーをチェック！

CC

「カーボンコピー」の略。同時に送る相手のことを指し、CCで送られた人同士は、お互いに誰に送られているかを見ることができます。

「全員に返信」が基本

返事をするときはCCで送られた人も含め、全員に送るのが基本です。「返信」「全員に返信」を選べるので使いこなしましょう。

最初のメールでCCの人を明らかに

最初にCCを使って送る場合は、全員の名前（社名、部署名なども）を書き、そのリストに誰が入っているのかを明確にします。

個人情報には注意！

CCに入っている全員のメールアドレスが明らかになります。教えていいアドレスなのか、確認しておきましょう。

追加した場合はその旨を連絡

途中で追加する人がいる場合、その旨を全員に知らせます。引用返信をしていれば過去のやりとりも見られるようになるので注意。

BCC

こちらは「ブラインドカーボンコピー」の略です。BCCに入力したメールアドレスは、受け取った人たちには見えません。

面識のない人たちへの一斉送信

例えばプレスリリースなど、面識のない複数の人に一斉に送りたいとき、個人情報を保護するために使うケースが多いです。

BCCであることを明確に

「このメールは多くの人に一斉に送られています」ということがわかります。返信は送信者のみにしたいので、わかりやすくなります。

読みやすい体裁もマナーです

パッと見から好印象のメールを目指す

メールの読みやすさは
感じのよさにつながる

画面ぎっしりの文字や、簡潔すぎる文面……。パッと見ただけで「読みたくなる」「読む気がしない」があります。「感じがいい」メールの体裁を作れるようになりましょう。

基本の流れ

特に、初回のメールでは、全体の構成に気を配りましょう。長すぎず、短すぎないようまとめて。

1 宛先

初回は丁寧に、相手の社名・部署名・名前を書きます。２回目からは名前だけでも大丈夫です。

2 挨拶

長々とした挨拶は不要ですが、「おはようございます」のひと言でも、あると気持ちがいいもの。

3 名乗り

挨拶のあとに続けて、「社名」「名前」を書くと、誰からのメールかしっかり印象づけられます。

4 本文

「さて、」「今回ご連絡したのは」など本文の始まりらしくすると◎。ここが用件であると明確に。

5 締めの挨拶

「結論」または「してほしいこと」を明らかに。相手が次のアクションに悩まなくていいようにします。

6 署名

自動でつくように必ず作っておきましょう。送付物などがある場合にも重宝です。（詳しくはP.110）

ひと目で
全体

1行は35ワード程度、長さは1スクロール

ひと目で全体が見渡せる範囲が約35文字×1スクロール。最近はスマホで読むことも気遣うとベター。

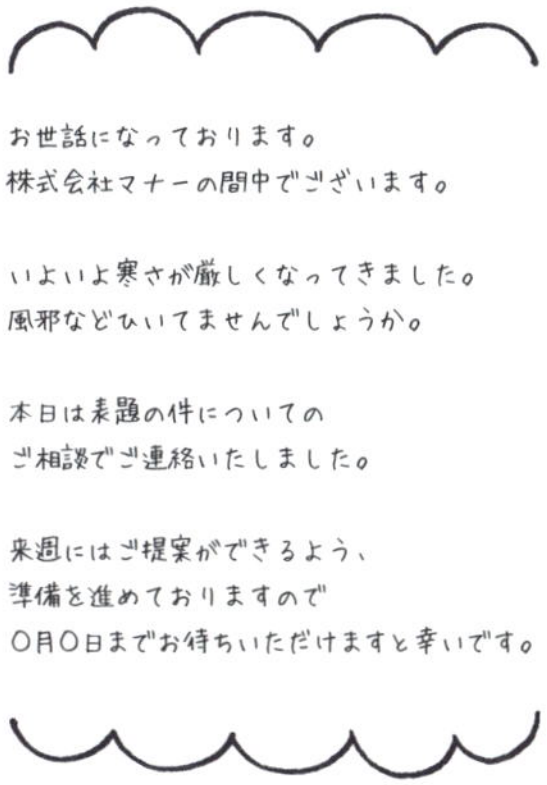
お世話になっております。
株式会社マナーの間中でございます。

いよいよ寒さが厳しくなってきました。
風邪などひいてませんでしょうか。

本日は表題の件についての
ご相談でご連絡いたしました。

来週にはご提案ができるよう、
準備を進めておりますので
○月○日までお待ちいただけますと幸いです。

空間をつくって読みやすく

各ブロックの間は、1行ほどの空間をあけて。パッと見たときにわかりやすいイメージになります。

メールでの品格アップワードを使ってみる

社会人としての信頼感が高まる

「素敵な言葉遣い」は老若男女に響く！

ただ丁寧にするのではなく、相手に「品がいいな」「きちんとした人」と思わせる言葉を使えるようになりましょう。ちょっとした言い換えで、どんな相手にも好印象になります。

「お目通し」

例 **添付の書類にお目通しいただけると幸いです**

「ひと通り読む」という意味で使われます。「ご確認ください」などの言い換えに。「ご一読」でもOKです。

「お呼びたて」

例 **お忙しいところお呼びたて致しまして**

相手が自分のところに来てくれたときに使う、口語でもよく使う表現です。あとには感謝よりも謝罪を述べて。

「遅ればせながら」

例 **おすすめの映画、遅ればせながら観てまいりました**

やむを得ず遅れてしまったときに。ビジネスシーンというより、お礼のタイミングが遅れたときなどに使います。

「失念する」

例 **申し訳ございません。失念しておりました**

要は「忘れました」ということなのですが、仕事の場面ではそのままでは言いにくいもの。少しかっこよく変換。

「差し支えなければ」

例 **差し支えなければ、お時間いただけますか**

「差し支え」は不都合という意味。「都合が悪くなかったら」というときに使い、相手に断る余地も残せます。

かっこいい言い回しはどんどん「盗む」！

メールのやり取りで「素敵だな」と思う表現やフレーズがあったら、さっそくマネをして使ってみましょう。自分らしい使い方ができるようになっていくはずです。

相手がミスをしたときこそ柔らかく対応

気持ちを軽くしてあげることが大事

メールだからこそ
表現に気遣いを

相手がミスをしたとき、メールの文面で指摘をすると冷たい印象になりがち。メールならことさら柔らかく伝えたほうがいいと思います。相手の気持ちになって書きましょう。

CASE STUDY

ミスの対応で距離が縮まることもある

例えば「再送してください」という簡潔な言葉だけをメールで送ってしまうと、相手は「怒らせたのかもしれない」という気持ちに。もしかしたら壁ができてしまうかもしれません。

メールに添付ファイルがなかったとき

間違ってないが怖い

正しい

少し親しい場合はあり

仲よしですね

どこまでくだけてOK?

お仕事メールで使う「！」の効能

ビジネスメールでは「！」は使わないとされています。初めてのメールではもちろん使いませんが、やりとりを重ねていく間に、上手に使って相手との距離を縮めましょう。

CHECK

相手がミスしたときや断られたときに、気にしていないことをアピール

相手がミスをしたときや誘いを断ったときなど、恐縮しているときに、こちら側から使うことで相手の心をほぐす効果があります。

例 **「気にしないでください！」「またお誘いしますね！」**

CHECK

張り切っている気持ちが伝わる

「やってみます」と「やってみます！」では印象が違うように、「！」は張り切っている様子をメールでもしっかり伝えられます。

例 **「おはようございます！」「再度やってみますね！」**

CHECK

相手との距離が縮まる

メールだけのやりとりでは、相手は「どんな人なんだろう」と想像しているはず。親しみが生まれれば「次」の仕事にもつながるはず。

例 **「いつもありがとうございます！」「楽しみです！」**

注意

最初のメールや公式なお知らせなどでは使わない

初回のメールからくだけすぎると、「この人、大丈夫かな？」と相手は不安になります。社から送る公式のメールも然り。やりとりを重ねながら少しずつ距離を計り、タイミングを考えて使いましょう。

返信は24時間以内が基本

難しいときはその旨を伝える

ビジネスのスピード化、
どんどん進んでいます

就業時間外やお休みの日は別として、今はスマホで社用メールを見ているという前提です。やむを得ない場合は「○○なので明日お返事します」などと返信をするのがスマート。

メールでの感謝ボキャブラリーを増やそう

「ありがとう」のバリエーションはメールでも無限

**メールだからこそ
温かみのある感謝を**

「感謝」の大切さは前にも書きましたが、メールでのやりとりでは、特に意識したいものです。仕事での感謝メールは、相手によって心に響くポイントが違うのでチェックして。

上司に

今後を期待させる前向きなフレーズを使う

力を貸してくれた上司には「もっとお役に立てるように頑張ります」など、未来を感じさせるフレーズこそが、イコール感謝の言葉に。

同期に

長いつき合いだからこそ普段からの感謝も

入社から肩を並べ、ライバルでもある同期には、「いつも強い味方です」など、普段から感謝していることをにじませましょう。

後輩に

具体的に褒めながら感謝を伝える

できるだけ具体的に感謝することが後輩の成長につながります。「○○のフォローに助けられました！」など、「！」を使っても。

取引先に

何がありがたいのかを明確にして深い感謝を

具体的な感謝を述べるほか、これからも関係性が長く続くことをイメージさせるフレーズを使いましょう。上からにならないよう注意。

署名は名刺代わりと心得て

つけないのはマナー違反！情報をコンパクトにまとめよう

メールの署名は社会人として必須のサイン

メールの署名は、必ず自動でつくように設定しましょう。これは名刺のようなもので、会社名・部署名・名前だけでなく、連絡先やオフィスの所在地も入れること。送信者が何者なのか明確にするのがマナーです。

メールの署名

↓ 飾り罫や線で本文と区切る

****

会社名

部署名

氏名 ← 漢字が読みにくければふりがなを

メールアドレス

住所 ← 郵便番号も忘れずに

電話番号／ファクス番号 ← 携帯番号を入れるかは自己判断

ホームページのURL

[お知らせ] ← 最近はインスタグラムやFacebookのアカウントを入れる場合も

****

長すぎずコンパクトにまとめること

署名は必要なときに読むもの。履歴として残る場合スペースをとるので、適度にコンパクトな内容になるようデザインしましょう。

肩書が複数なら複数用意して使い分けてもいい

メーラーの設定で、署名は使い分けることができます。ただ､うっかり間違えることもあるので、基本的には1種類を使うのがおすすめ。

目的ごとに締めの言葉を選ぶ

「よろしくお願いします」だけでは伝えきれない

相手が返事に迷わないよう、まとめで締める

お願い力（P.152）にもあるように、相手に「で、何をしたらいいの？」と思わせてしまうのはNG。最後の一文で、相手が悩まずに済むようにするのも気配りの一つです。

目的別！

CASE STUDY

メールの締めフレーズ集

仕事でのやりとりメールは追加や補足なく、なるべく1通で済ませたいものです。それにはメールの書き方、特に締め方が重要。きちんとした印象の余韻も残すように工夫しましょう。

目的 1

確認・検討してほしい

- お手数ですが、
  ご確認（ご検討）のほど、
  よろしくお願いいたします。
- ご確認（ご検討）
  くださいますよう
  お願い申し上げます。

目的 2

返事がほしい

- お忙しいところ恐縮ですが、
  ご回答をお待ちいたしております。
- お手数ですが、
  お返事を頂戴できれば
  幸いでございます。

※「お手すきの折に」は締め切りが不明瞭になるので使わないほうがいいでしょう。

目的 3

目を通してほしい（返事は不要）

- ご確認いただければ、
  ご返信は無用です。
- 特に問題がなければ、
  ご返信には及びません。

※問題がなくても返信がほしい場合はその旨を明記しましょう。

目的 4

取り急ぎの返事

- 確かに拝受いたしました。
  まずはお礼まで。
- まず取り急ぎのご連絡にて、
  失礼いたします。

手書きの手紙で気持ちを伝える

ビジネスシーンで手書きの手紙を送ることは少なくなりました。でも、特別なときや、ちょっとしたメモ程度でも、手書きの文字はやはり温かみのあるコミュニケーションツールです。

CHECK

書類を送るときに一筆箋にひと言

送付状もPCから出力して送る場合がほとんど。でも送付状に一筆箋を添えれば、相手を気遣う気持ちや、日頃の感謝も伝えられます。一筆箋がなければ、少し大きめの付箋などを使ってもいいですね。

CHECK

節目を迎えた人に、自分が迎えたときに、手紙を送る

お誕生日や異動などの節目に、手紙をもらったら嬉しいものです。逆に、自分がお世話になった部署を離れるときに、感謝の気持ちを伝えても。手書きの文字だからこそ伝わる想いもあります。

CHECK

お礼、お詫びには手書きの手紙を

「お礼状」は気持ちを伝える定番。お詫びも、出力した文字よりも、気持ちが伝わります。同じ社内にいるのであれば、自筆のメモを提出物に添えるか、伝言メモのように机に置いてもいいでしょう。

CHECK

気持ちを伝えたいときはいつだっていい

仕事の節目や大きな取引の直後など、「今こそ気持ちを伝えたい」というシーンがあれば手紙に込めましょう。お気に入りのレターセットをデスクに用意しておけば、いつだって書くことができます。

Chapter 05

段取り力

モチベーションが上がる4つの要素

兼ね備えれば、仕事がもっと楽しくなる！

4つの要素を頭に描いて
仕事を未来へつなげる

毎日の仕事が、手元にあるものをこなす作業になっていませんか？　もしモチベーションが保てないようなら、この4つを念頭に置いてみて。仕事が未来に続くものになります。

1 目的

将来、どうなりたいかを具体的に思い描く

P.170にもあるように、将来どうなりたいかをはっきり思い描いておくと、そこに向かって目標を立て、進むことができます。

2 目標

目的を達成するためにするべきことは？

目的があると、目標もはっきりするはず。手元にある仕事をどうすれば「目的」につなげられるかを考えてみて（詳しくはP.170）。

3 手段

今すぐやれることを考えて書き出す

2の目標を掲げたら、TO DOリストとは別に、目的に向かってやるべきことを書き出し、具体的にどう動くべきか整理します。

4 実行

実際に動かなければ始まらない！

いくら完璧な1～3が完成しても、実際に動いてみなければ何も始まりません。さあ、実際に体と頭、心も動かし始めましょう！

ホウ・レン・ソウは〝旬〟なうちに

それぞれに適したタイミングで。でも遅くなるのは×

スピード化する仕事と熟慮の時間のバランスを

仕事のスピードは日々増しています。オフィス内で不可欠のホウ・レン・ソウも、やはり早いに越したことはありません。ですがきちんと自分の意見をまとめる時間も必要です。

ホウ＝報告

↓事実＋自分の意見

旬 自分の意見をまとめ次第すぐ

報告には自分なりの結論を添えるのが基本。できるだけ早く意見をまとめ、上司に時間をもらい伝えます。

パッケージ
リニューアルの件で
ご報告です
ほほう

レン＝連絡

↓事実のみ

旬 すみやかに伝える

相手の都合も自分の都合もおいておき、早いことが大事。相手が取り込み中ならそれなりの手段を探して伝えます。

社内では
赤が美味しそうだという
意見が多いです

ソウ＝相談

↓事実＋意見＋質問

旬 自分の意見をまとめ、相手の都合に合わせて

相手の言葉と時間をもらうため、相手の都合重視で。ただ聞くのではなく、自分の意見も用意しておきましょう。

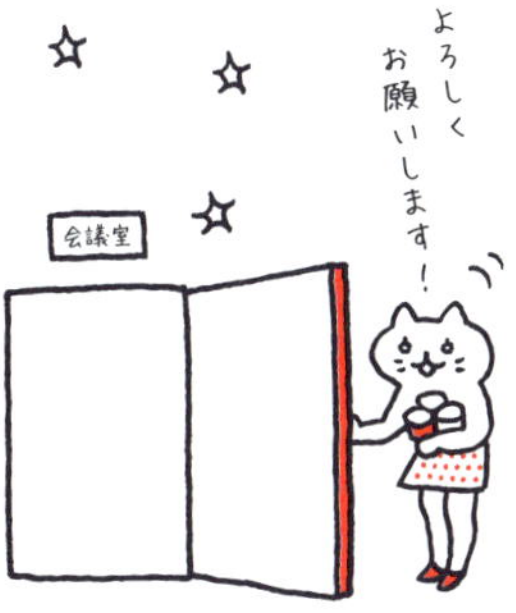
よろしく
お願いします！
会議室

やる気スイッチを押せるのは自分だけ

自分の中のスイッチを見つけておく

やる気スイッチはどこにある？

自分の中にしかありません。毎日仕事をするなかで、探り出すほかないのです。「声を出す」「好きなお菓子を食べる」など自分だけの“儀式”を作っておくのがおすすめです。

POINT 1
ゴールがあればやる気が出る

走るにしても50メートルとわかっていれば全力を出し切れます。仕事もゴールをはっきりさせればペース配分できます。

POINT 2
あえて実際に声を出してみる

意外と効果的なのが実際に「やるぞ!」と声を出すこと。トイレなどで大きな声を出してみるのも、スイッチが入ります。

POINT 3
終わったら達成感を味わう

「30分でここまで終わったらお茶タイム」のようにご褒美を決めてみます。タイマーを使うのもおすすめ(P.127)。

休むのも仕事

働く脳には休息が必要

いい休息こそが
いい仕事を生みます

仕事をしまくっている脳は、交感神経がずっと優位な状態。週末に副交感神経を優位にしてリラックスすることは、休み明けの脳の働きをよくします。休息も、仕事のうち。

LESSON 1 デジタルデトックスする

現代社会では難しいかもしれませんが、たまにはPCともスマホとも離れた時間を。視覚からの刺激が入らないことで脳も目もほっとひと息です。

LESSON 2 料理をする

料理は、五感で楽しみながら、右脳を働かせて、左脳を休められる最高の手段。休日は手料理を食べて、ゆっくり過ごして脳も栄養補給を。

LESSON 3 絵本を読む

子どもが同じ絵本を何度も読むのは、“脳を心地よくさせる”力があるからと言われています。大好きな絵本を何度でも眺めてみましょう。

睡眠がいい仕事を作る

リフレッシュした脳で働こう！

「寝ないで働く」なんて
ナンセンス！

いい休息と同時に重要なのが、睡眠です。脳は、眠ることでその日得た情報を整理して、起きればすっきり。新しい情報を入れていくことができます。何はなくとも、睡眠です。

適切な睡眠時間は人によって違う

走る速さがそれぞれ違うように、必要な睡眠時間もそれぞれ違います。自分に合った就寝・起床時間、何時間寝るといいかを探ってみましょう。

夜は暗い照明やキャンドルで過ごす

眠る直前のPCやスマホはご法度。夜は照明を落とし、キャンドルのゆらゆらした灯りなどで過ごしてみて。眠りの質が変わります。

起床時間を揃えてリズムを作る

睡眠のリズムを整えるには、まず起床時間を揃えます。そのためには休日の寝だめは×。毎日、同じ時間に起きる習慣をつけましょう。

タイマーで仕事時間を管理する

段取り能力がつき、集中力がアップ

時間を区切ることで生産性も上がる

タイマーで時間を区切ってみると、集中しやすくなります。雑談に誘われても、タイマーを使っていれば仕事に戻りやすいなど利点はたくさん。まずは自分のリズムを探ってみて。

CASE STUDY

時間の使い方が劇的に変わる！

自分の集中力や作業量に合わせて、集中する時間を区切ってみましょう。周りが静かならスマホのタイマーの音をバイブにして。実験してみるだけで「時間」の使い方が変わります。

タイマーをかけていれば、アラームがなるまで脇目も振らず集中できる

アラーム音が気になるなら、ストップウォッチを使ってみよう

休憩時間もタイマーを使えば、おしゃべりをしていても業務に戻りやすい

休日もタイマーを活用してみよう

タイマーはプライベートでも時間管理に有効。掃除でも運動でも、ダラダラすることなく区切れます。

例

- **5分／30分のプチ掃除**
- **ぼーっとする時間**
- **スクワット、ストレッチなどの運動**

遅刻は時間泥棒

誰にとっても時間は限りあるもの

相手の時間の価値を重く考えれば遅刻しない

ビジネスで遅刻は絶対してはいけないこと。遅刻して待たせることは「相手の時間を盗んでいる」くらいに考えていいと思います。早すぎて損することはないので早めの行動を。

遅刻しがちな人との待ち合わせには“やること”を持っていく

イライラせずに待てる

相手の遅刻がラッキーと思える工夫をしてみる

よく遅れる人との待ち合わせや、早めに行く場合には、外でもできる作業を持って出ます。「遅れます」の連絡に「ラッキー」と思えるくらいの“すき間仕事”を常備しましょう。

想像力を働かせて段取る

先手を打てば なにかとはかどる

普段から想像力が働くようクセをつける

「デキる人」とそうでない人の違いは、想像力。先を読むことで先手を打つことができ、進行がスムーズになるのです。無駄な時間を作らないためにも想像→先手のクセを！

POINT

1 入念な準備

先を読んで、どんな準備が必要かを整理すれば、ひとつひとつしっかり準備することができます。自信を持つことにもつながるはず。

ご確認お願いします！

POINT

2 リスクの回避

準備をしておけばリスクを避けられるのと同時に、不測の事態が起きたときに対応する余裕が持てます。「うっかりミス」も減ります。

メールが
届いていなかったら…

仕事に集中できる！

想像力を発揮して仕事をした結果、時間にゆとりができ、自分に自信が持て、やるべきことに集中。いいサイクルに身を置けます。

メールをお送りしたので
ご確認お願いします！

早くて悪いことはひとつもない

手元だけを見ず、ゆとりのスケジュールに

「遅い」は悪になることもある

「早すぎる」と言われることがあっても、それは「悪」ではありません。「遅い」は相手の時間を奪うことがあり、悪になり得ます。仕事を長いスパンで見て、スケジューリングを。

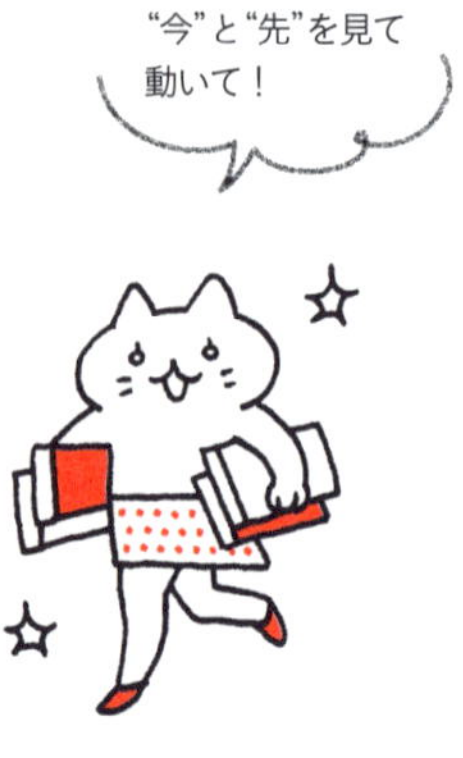

CASE STUDY

早めの人とギリギリの人、結果にも違いが出る

「早めの人」と「ギリギリの人」では、仕事の進め方が違い、その結果も違います。挙げ句、ギリギリの人はミスが多く、信頼感を損なう……ギリギリで仕事をするメリットはありません。

早めの人	ギリギリの人
計画をしっかり立てて余裕をもって終える	手元にきたものをこなす
↓	↓
見直しをして、お茶の時間も	ギリギリセーフ（と思っている）で終わる。見直しの時間なし
↓	↓
ミスもなく、信頼される	ミスが多く、相手を待たせてイライラさせる

「ギリギリの人」にならないためには……

1 前もってスケジュールを立てる

それぞれの工程にどれくらいの時間がかかるかを計算してスケジュールを組みます。可能であれば不測の事態が起きることも考慮して。

2 必ず見直し、チェック後の直しの時間をとる

1に必ず含めたいのは見直しの時間。そして、見落としがちなのが、提出してチェックを受けたあとの直しの時間も含めることです。

3 ひとつの仕事を全体で見る

「ギリギリの人」は、手元の仕事（作業）で手一杯になっていることが多いようです。全体を見て動けるゆとりを持つところからスタート。

仕事でもウォーミングアップが大事

働く脳をストレッチ!

朝の就業前や作業前に脳を軽く動かして

運動をする前、必ずウォーミングアップで体をならします。仕事でも同様。最初からバリバリ動くのは難しいので、仕事の前に「働く脳」にするための準備運動をしてみましょう。

POINT 1 出社前

脳内の情報がすっきりと整理されていて、身も心も清々しい朝の時間。血糖値を上げ、脳を少しずつ動かし、忙しい一日を過ごす前の準備の時間に。

ジョギングや散歩

手足を動かすことで、脳も動き始めます。また、日光を浴びて、血の巡りもよくなるなど、早朝のジョギングや散歩はいいことずくめ。

ニュースなどを音読

情報を読んでインプット→声でアウトプットするのは最高のウォーミングアップと言われています。出社前に新聞などを声に出して。

出社前のコーヒータイム

「朝活」として、朝のカフェでの勉強は脳の使い始めにぴったり。その日のTO DOリスト作りなど、準備に当ててもいいですね。

POINT 3 作業の前

仕事の内容が切り替わるときは、脳も切り替えなければなりません。ちょっと立ち上がってコーヒーを飲んだり、いったん机の上を片づけるのも効果があります。

POINT 2 会議・打ち合わせ前

出社前と同様に、大事な会議やミーティングの前にもウォーミングアップを。会議が続く場合も、会議室に入る前に少し体を伸ばしてストレッチしたり、景色を見て使う脳を切り替えて。

雑談（アイスブレイク）

会議前には、議題と直接関係ない、リラックスした会話＝雑談を少ししましょう。場の雰囲気がよくなり、意見が出やすくなる効果もあると言われています。

毎朝、TO DOリストを作る

〝今〟が見えてくる

**まるで日記のように
自分のことがわかる**

TO DOリストを作る利点は、やらなければならないことが整理されるだけではありません。今の仕事の状況や自分の立場が見えてきます。毎日作っておきたい大事なリストです。

小さなことでも リストアップする

雑務や締め切りのない仕事でも、リストに加えておきましょう。チェックを入れるときに達成感が得られ、モチベーションアップにも。

チェック欄を作ると ついつい燃える

終わった項目にチェックを入れられるようマス目をつけるなど、達成感を得られる工夫を。チェックの瞬間、幸福ホルモンが出るとか。

優先順位をつけて 作業効率を上げる

リストアップが終わったら、優先順位をつけます。あとは順番に、達成したらチェック。ほかの作業に気を取られずに作業できます。

残ってしまったら 翌日のリストに回す

やることがすべて終わるわけではありません。長期的な項目も含め、毎日“申し送り”をして、残ったものを次の日に回していきます。

TO DOではない

「今日の目標」を立てる

「今日やらなければならないこと」以外にもある、「時間があったらやりたいこと」。メモしておけば、いざ時間ができたときに迷わず動けます。仕事の間の気分転換にもぴったり。

例

机の引き出しを
片づけて拭く

保留にしていた
書類整理に着手

新しいシステムの
マニュアルを熟読

エクセルの
技を磨こう

元気がない同期に
励ましメール

1分で1000データ
入力に挑戦！

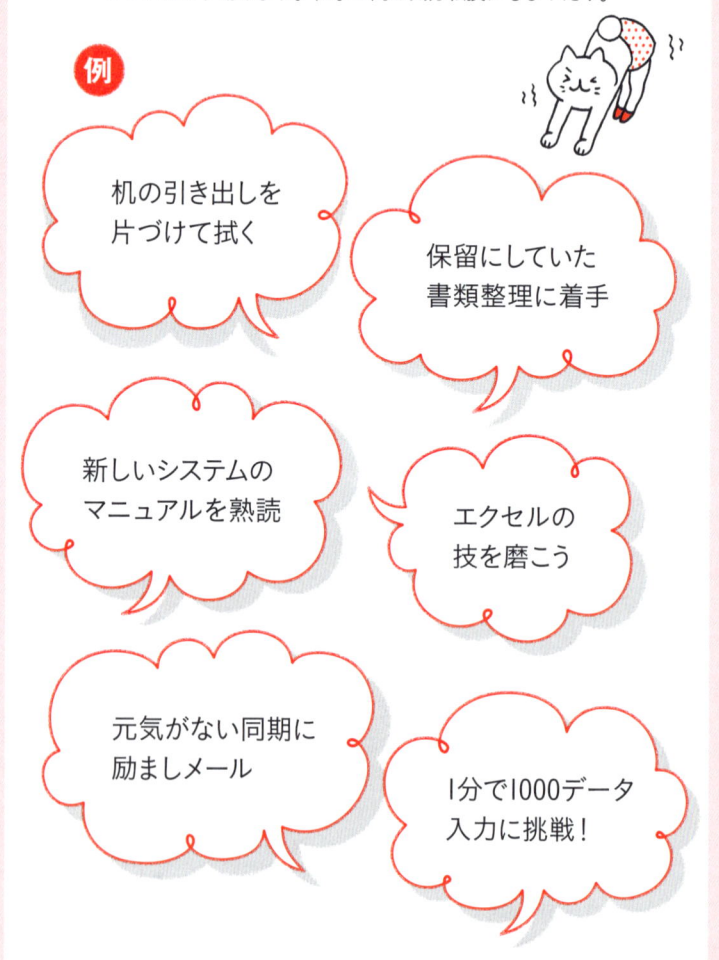

“段取りが八分”ってどういう意味？

仕事の中身は、ほとんどが「準備」です。楽器の演奏で、発表会のための練習に時間が費やされるように、仕事も毎日の段取りを大切にし、積み重ねることで人は成長できるのです。

段取り ＝目的に向かって準備すること

閃《ひらめ》きやアイデアでの評価もありますが、「段取りがいい」というのは社会人として大切なこと。「段取り」上手になるために、まずはそのポイントを押さえましょう。

段取りのポイント

POINT 1 **目的・目標を明確に**

ゴールがはっきりしなくては、段取りをしたくてもできません。まずは、はっきりとした目的・目標を定めることが、段取りの大前提になります。

POINT 2 **作業の優先順位をつける**

ゴールに到達するまでにやるべきことを細かく分解します。人に任せる部分、必要な準備、それぞれにかかる時間などをまとめてみましょう。

POINT 3 **スケジュールを立てる**

２で分解した作業を、組み立て直し、「スケジュール」にします。前にも書いたように、見直しややり直しの時間も可能な限りとることが大切です。

POINT 4 **繰り返すならマニュアル化する**

同じことを何度もやるのに、毎回同様に段取りを立てるのは無駄なこと。マニュアル化して、他の人でもできるくらいの段取りに完成させたい！

POINT 5 **チェックして失敗を改善する**

ゴールに到達したら、クオリティはもちろんのこと、スケジュール通りに進んだかどうかなど、反省点をチェック。次回に活かし、成長につなげて。

休憩時間には〝小片づけ〟が効く

見える景色が変わるとリフレッシュできる

**たっ た5分を有意義に
してくれるキーワード**

仕事の合間のちょっとした休息には「5分だけ一番上の引き出しを整理」など、「小片づけ」がおすすめです。ほかにも、窓の外の景色を眺める、ストレッチなども有効なすごし方。

仕事の切り替えにも有効

5分ほどのリフレッシュは、仕事と仕事の間の切り替えにも有効です。目に映る景色を乱雑なデスクのままにせず、片づけたり、視線を変えてみて。

デスクでできる運動をする

肩こり防止のためにも、定期的にさりげなく運動を。伸びをして肩甲骨を寄せる、腕をぐるぐる回すくらいのことでもスッキリします。

席を立って景色を変える

いったんデスクから離れるだけでも、休息の質は変わります。自動販売機まで行く、会った人と会話をするなどして、脳の切り替えを。

小さくても大きくても自分へのご褒美を用意する

ゴールに向かって走るモチベーションになる

自分のために用意したご褒美に向かって走る

女性は“ご褒美”が大好きです。それを自分でも利用して、ゴールのそばにはいつもご褒美をぶら下げて。それで速く、頑張って走れるのならご褒美こそモチベーションの源！

CASE STUDY

たとえチョコ1粒でも、有効なご褒美になる

お気に入りのチョコレート1粒でもあればご褒美になります。小さなご褒美なら、できるだけ小出しにして、やる気を引っ張り出しましょう。大きなプロジェクトにももちろん有効。

この企画書を書き終わったら……

この忙しい1週間を乗り切ったら……

昇進したら……

社長になったら……

24時間を3分割して考える

誰でも一日の持ち時間は24時間です。なんとなーく時間に追われているとあっという間に過ぎてしまいます。一日を3つに分け、メリハリを意識して過ごすと、ワークライフバランスが整い、毎日がもっと輝き出します。

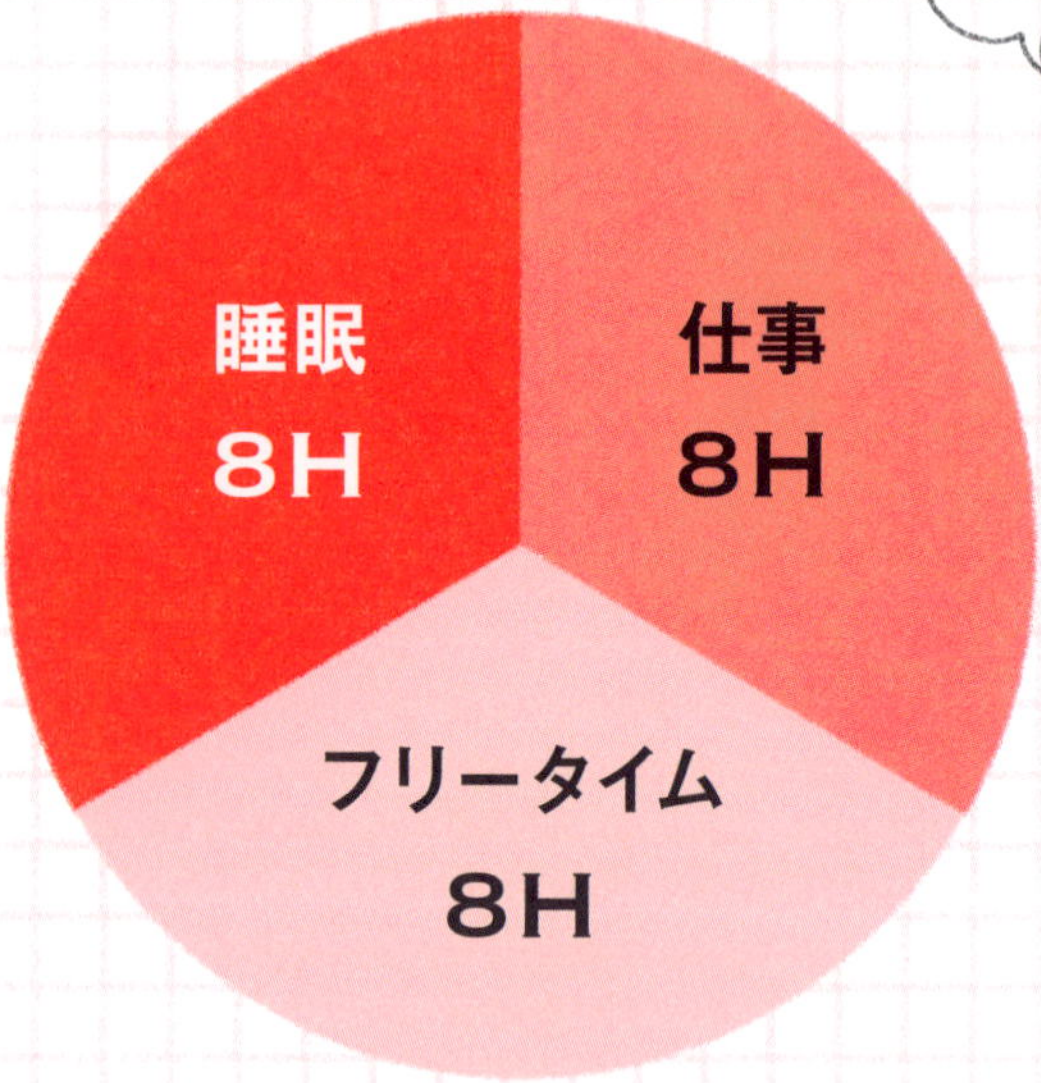

睡眠 起きている時間を充実させるのは、十分な睡眠です。8時間を目標に、少なくとも7時間前後はとりたいもの。早寝早起きを心がけて朝気持ちよく目覚めれば、心身ともにエネルギーがみなぎります。

仕事 日中のほとんどを費やすのが仕事の時間。仕事があるからフリータイムを充実させられるし、心地よい疲労は、ぐっすりと深い眠りにつながります。とはいえ、他の時間に侵食しないように気をつけて。

フリータイム いちばん楽しい時間ですが、仕事の準備や通勤、家事などにも使われます。ダラダラと仕事に乗っ取られてしまわないように、意識して。ただ、将来のための勉強などはこの時間に、楽しみながら。

Chapter 06

お願い力
断り力

クッション言葉を使って より丁寧に伝える

誠実なイメージにもつながる

オトナの言葉遣いは
クッションにあり！

会話やメールの中で使いこなしたい「クッション言葉」。語彙として身につけるには、日々実践するのが一番です。お願いやお断りが柔らかくなるだけでなく、印象もアップ。

POINT 1 お願いするとき

仕事で発生するお願いごとこそ、誰に対しても丁寧に言いたいもの。そんなときは状況に合う言葉を選びましょう。

「恐れ入りますが」「恐縮ですが」

「私にはもったいない」というニュアンスで使います。

「お手数をおかけしますが」

相手になにかしてもらう必要があるときに使う言葉です。

「差し支えなければ」

「支障」「不都合」がなければ、という一歩引いた言い方です。

「重ね重ね恐縮ですが」

複数回お願いしているときに。「何度も」よりも品がいいですね。

POINT 2 断るとき

冷たい印象にならないように「お断り」するためには、クッション言葉が不可欠。自然に出てくるようになりたいもの。

「あいにくではございますが」

「残念ですが」という意味で、期待に添えないことを謝りながら断ります。

「身に余るお話ですが」「ありがたいお話ですが」

自分には分不相応という謙遜をしながら断る場合に使います。

「大変残念ではございますが」

不合格など、言いにくいことを言うときに使います。

POINT 3 反論しながらお願い／お断り

反論は、相手の気持ちを尊重する（している姿勢を見せる）ことが重要。クッション言葉で柔らかく表現しましょう。

「お言葉を返すようで恐縮ですが」「ご意見はごもっともですが」

「お言葉」「ごもっとも」で相手の意見を飲み込んでいることを表します。

「ください」を言い換えると柔らかくお願いできる

「ください」は実は命令形

丁寧なつもりで使う「ください」、実はNG

命令形を丁寧にした「ください」を言い換えるクセをつけてみて。「いただけますか？」など、疑問形にするととたんに言葉が柔らかくなります。プライベートでもおすすめです。

CASE STUDY

「ください」の活用は無限にある

例えば、カフェで何気なくコーヒーを注文するときの言い方も人それぞれ。店員さんだけでなく、周りの人にも印象が伝わるので、普段から上手な言い換えをしたいものですね。

意思がはっきりして、落ち着いたイメージ

相手に委ねる疑問形でソフトな印象

単語のみの注文はやめましょう

店員より周りの人に宣言する可愛らしさ

些細なお願いこそ伝え方が大事

日々の積み重ねが印象になる

家族にも、同僚にも！
感じのいい上手な頼み方

小さなことを人に頼むときに、用件だけになっていませんか？　ほんの少し言葉を足すだけで、印象はぐっとよくなります。無意識のうちに積み重なっていく印象を侮らないで。

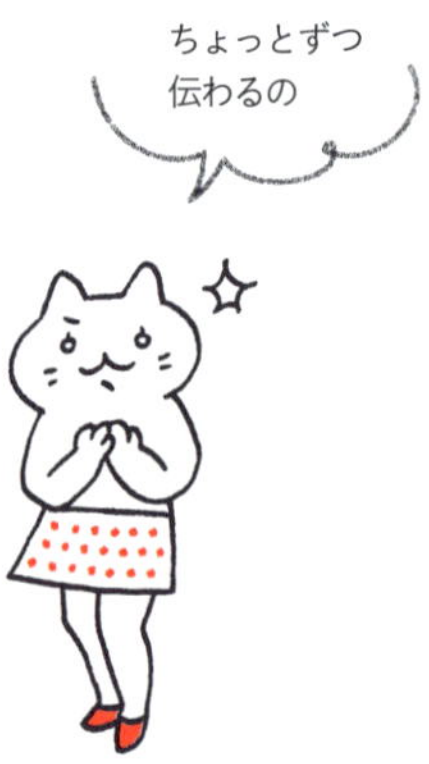

ここでも「早くて悪いことはない」

お願いごとも相手の都合を考えると早いに越したことはありません。「早く言ってもらえれば」にならないよう、早めに依頼しましょう。

理由を添えると気持ちが伝わる

「なぜそれをしてほしいのか」を明確にすると丁寧な印象になり、相手も快く引き受けやすくなります。簡単にでも理由を添えて。

内容を整理して簡潔に伝える

相手の都合を考えてダラダラ話すのは✕。何をしてほしいかをまず伝え、そこに理由などを添えるのが上手なお願い方法。

相手の身になった言い方をする

お店でエアコンの温度を変えてほしいとき、「せっかくのお料理が冷めるので」などと言い添えるだけで相手の気持ちを考えた表現に。

アクションに悩まないお願いをする

ワンターンで済むよう心がける

1回のメールで何をすればいいかが分かる

「で、何をすればいいの？」というお願いごとは少なくありません。さらに「で、いつまで？」「どこで？」など質問が続くのも✕。すべてが1回の会話やメールで済むように！

お願いパターン1
「○○してほしい」

実際に動いてほしいことがあるときには、スケジュールや場所、参加する人など、相手が疑問に思いそうなことを前もって伝えます。

お願いパターン2
「返事がほしい」

イエスかノーかだけ聞きたい場合はそれを明確に。協力を得たいけれど、まずは可否を知らせてほしいケースでも、はっきりとお願いを。

お願いパターン3
「見てもらえればOK」

「参考までに見てくれさえすれば返事はいらない」というお願いも。ただ、受け取った方は、ひと言でも返事をするのが常識的です。

いずれにしても
わかりやすく整理する

特にお願いごとは相手に負担をかけないよう、整理が重要。箇条書きなどを駆使して、一覧性を高めるのがポイント。

どんな場合も期日を入れる

「期日のないお願いごと」は後回しにされる傾向があります。もし、言いにくいようなタイトスケジュールでも、きちんと伝えることで頑張ってくれたり、代案を出してくれるはず！

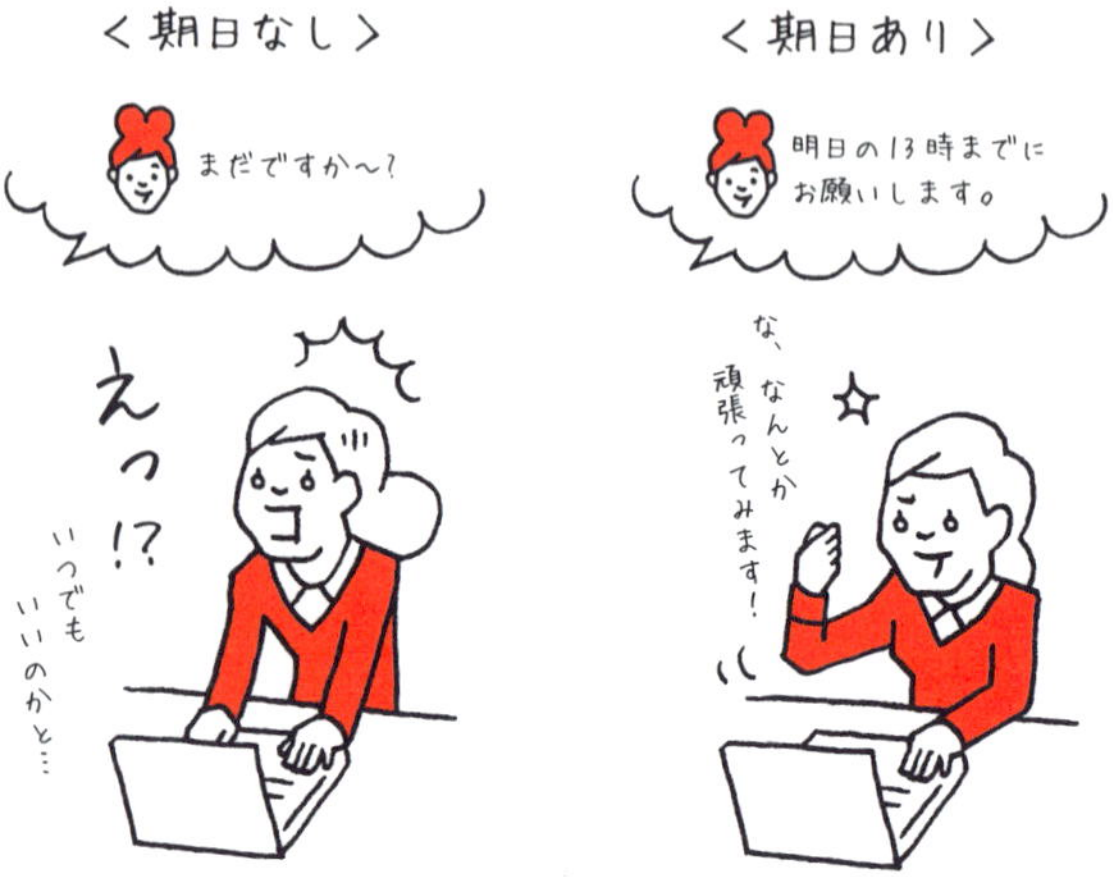

お願いされる方も

• 期日がなければ即確認する

お願いされる側も、まずは期日を確認するクセをつけましょう。同じ相手なら、相手も「あ、期日を入れないと」と思うようになります。

• 難しければ率直に相談

期日が明らかで、それが難しい場合。安請け合いせずにきちんと相談することが大切。期日が延びたり、負担が減る可能性もあります。

• まだ締め切りが先でもいったん返事をする

スピード感が重視される時代。メールを受け取ったら、熟慮が必要な場合も「受け取りました。期日までにお返事いたします」と返信を。

「なぜあなたなのか」を添えると相手のやる気が増す

期待していることが確実に伝わる

相手のモチベーションを上げるチャンス！

頼られるというのは嬉しいもの。おせじを言うのではなく、「なぜあなたに頼んでいるのか」という理由を添えるだけでいいのです。きっと張り切って聞き入れてくれますよ。

いつでもお願いできる態勢を整えておく

きっと気持ちよく対応してもらえる

**いい職場環境は
お願いごともしやすい**

「頼みにくいな〜」というタイミングはあるもの。それを、日頃からできるだけ減らしておきましょう。いざというとき大切なお願いができる環境は、いい職場環境ともいえます。

普段から人間関係を友好にしておく

いつもいがみ合っている相手に、お願いごとはしにくいものです。多くの人と仲よく、話しやすい環境になっているといいですね。

デスクやパソコンは整理整頓

外出中などに「PCを見られたくないから頼めない」なんて事態にならないよう、いつ誰に見られてもいいよう整理しておくのも大事。

やたらとお願いせず、いったん考えること

「また～？」と思われるほど、何度もお願いごとをしてはいけません。本当にお願いしなければならないときだけ、心からするのです。

逆に、いつでもお願い〝される〟人でいたい

一番大事なのは自分が「お願いされる人」でいることです。お願いに応えていたら、いざというときに返してもらえるはずですよ！

どう違う？

お願い「される人」と「されにくい人」

会社ではお願い「される人」でいたいものです。仕事の経験値が上がり、周囲からの信頼も得られ、評価されるからです。上手なお願い「される人」になるためにはどうすればいい？

お願いされる人

仕事に余裕があり、普段のふるまいや身だしなみなどからも信頼感がある人。「この人がいれば大丈夫」と思われるのは誇らしいこと。

憧れちゃう！
お願いしたい！
お返ししたい！

お願いされにくい人

いつもスケジュールを守れず、机の上はぐちゃぐちゃ。遅刻が多いなど、勤務態度からも「この人に頼むのは危険」信号が出ています。

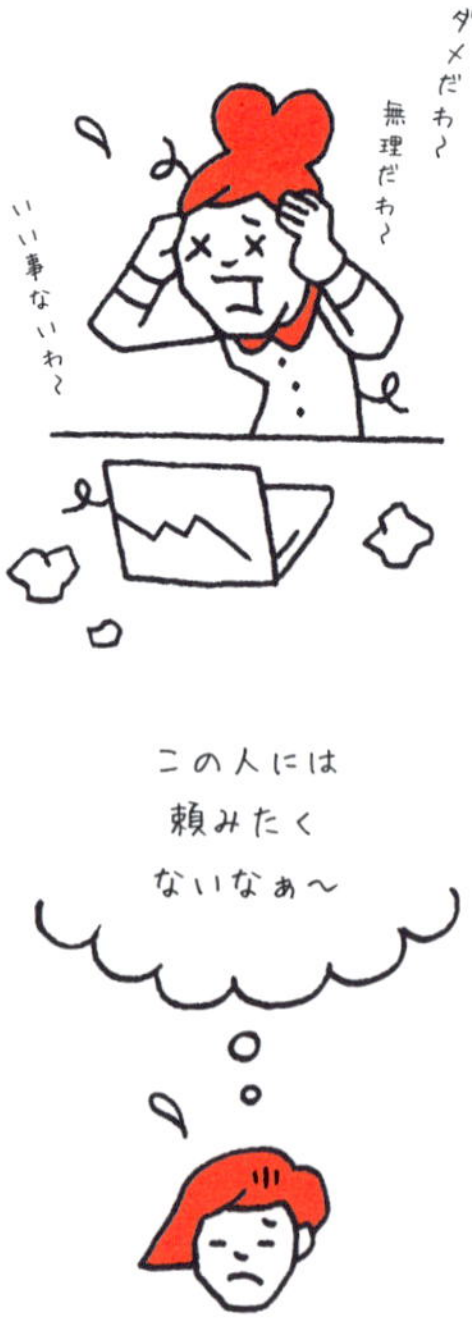
ダメだわ〜
無理だわ〜
いい事ないわ〜
この人には
頼みたく
ないなぁ〜

感じのいい

お休みのとり方

お休みを積極的にとることが推奨されている時代。会社で一緒に働くメンバーに負担をかけない、休みのとり方とは？

長期休暇

夏休みが自由にとれる場合も含め、長期休暇をとる制度がある場合は、言い出し方やタイミングを考えてとりましょう。大事なのは「状況を読むこと」です。

CHECK 1ヵ月以上前に上司に相談

「そろそろ夏休み」という話題も増えてくる頃に早めの相談を。特に、異動や入社したばかりなら、部署の慣例があるかもしれないので率直に聞くのが一番です。

CHECK 重要なイベントなどがないか確認

新サービスの発表、大きなプレゼンなど、重要なイベントと重なっていないかはとても重要。チームで積み上げたものを軽んじている印象になってしまいます。

CHECK その休暇の目的は何？

せっかくの長期休暇をもらえるのですから、有意義に。「英会話合宿に行く」「昔から憧れていた美術館に」など、周囲に堂々と話せるような休暇にしたいもの。

有給休暇

不測の事態以外なら、できるだけ早く申請するのがマナー。たとえ半日でも、給料をいただきながら休むのですから、会社の一員としてふるまうことも忘れずに。

CHECK できるだけ早く申請する

上司があなたをアテにしている案件があるかもしれません。早めにわかっていれば、日程をずらしたり、人員を動かすこともできます。決まり次第の申請が◎。

CHECK なるべく迷惑をかけない日を選ぶ

長期休暇をとるのと同様に、重要なイベントの日などはできるだけ避けましょう。ただし、やむをえない事情で申請するときは、できる限り説明をしましょう。

CHECK できれば理由を話す

仕事に支障さえなければ「イベントの疲れをとりたい」でもいいのです。なぜ休むのかを明らかにしておくと、周りは安心。ウソだけはつかないで、休みましょう。

断る前に、無理そうでもまずは寄り添う

断ることになっても印象がいい

スピード重視の世の中でも
一拍おくのが「断り力」

お願いされたときに「これは難しいかな〜」と思っても、一回落ち着いて。瞬時に断らずに、ワンクッションおくと、「よく考えた末に断った」という優しい印象になります。

まず寄り添う

「ちょっと厳しいかもしれないけど、お急ぎなんですよね」など、一度は相手に寄り添って、親身に考えることが大切。

なるべく代案を出す

代案を出すことで、やる気や「本当は役に立ちたい」という気持ちを伝えることができます。できる範囲で提案してみて。

全力を尽くした印象を

「八方手を尽くす」という言葉がありますが、全力を尽くしたというニュアンスを伝えると、誠意も伝わります。

上手な"お断り"の3ステップ

残念＋感謝をにじませる

今後の人間関係を左右する断りテク

断り方にも上手・下手があります。人間関係をよく保つには、上手な断り方を身につけたいものです。特にメールでのやりとりは気持ちが伝わりにくいので口頭で伝えましょう！

STEP 1

リアクション

まずは率直に気持ちを表現

お願いやお誘いのファーストリアクションは、協力したい、または興味をそそられている気持ちを素直に出しましょう。

素敵なお話ですね！

STEP 2

お断り

残念そうに断る

協力できない、参加できないことを表明するときは残念な気持ちをにじませるのが大切。謝罪は上からなのでNGです。

残念ですが…

STEP 3

感謝

声をかけてくれたお礼を

お願いごとでも何でも、自分を思い出してコンタクトをとってくれたことには感謝すべき。次につながるひと言になります。

ありがとうございます！

断ってもまた声をかけられる お誘いの返事フレーズ

社交辞令ではない
気持ちを伝えたい

行きたい気持ちを
きちんと伝える

せっかくのお誘い。行けるときはいいけれど、行けないときのお断りには特に心遣いが必要。相手が「それじゃあしょうがないね。また誘う！」と思える断り方をマスター。

POINT 1

提案してみる

例「○日なら可能なんですが」

本当に行きたい場合は、代案を出してみましょう。日程や場所、「子連れでもいいですか?」などダメ元でも提案を。

POINT 2

状況を説明する

例「母が泊まりにきていて」

その日都合が悪い理由を添えると、状況がよくわかり、理解されます。「それなら仕方ないね」と次につながるはず。

POINT 3

本当は行きたくなくても無下にはしない

例「残念だけど別件があって」

もし「実は行きたくない」というお誘いでも、きちんとしたお断りをするのがマナー。無視したり、ウソをつくのはNG。

断られたあとのリアクションにも気遣いを

断った人の気持ちを和らげる言葉選び

「気にさせない」のも気配りのうちです

あなたが誘った側だとして、断った方は「気分を害したんじゃないかな」と思っているかもしれません。それには「気にしないで！」と伝えるための“断られ力”も大事なのかも。

CASE STUDY

気にさせない！ お断りのフレーズ

誠意をもって断ってくれた相手に、気にさせないためのひと工夫。相手の肩の荷が下りるような言葉を使いたいものです。また、LINEのスタンプはそんな気持ちを伝えるのに最適！

残念さ＋明るい言葉

ねぎらい＋励ましの言葉

仕事のメールなら
「！」や「^^」で和やかに

メールで堅く返事を書くと、相手は気にしてしまうかも。ビジネスメールでも、ここでは「！」や顔文字などを使って柔らかく。

ユーモアのあるスタンプ

〝気持ちを込める〟は気持ちの問題じゃない

脳が活性化し、結果が変わる

脳の研究が進み
結果の違いが明らかに

最近の脳の研究では「気持ちを込めて」行った作業では、脳が活性化し、効率が上がることがわかっています。お願いやお断りのシーンではなおさら心を込めましょう。

Chapter 07

成長力

"目的"のある"目標"を立てる

2つがあってこそ成長できる

目的と目標は別のもの。
両方を意識して達成を

目的は「なんのためにやるか」、目標は「目的のための道標《みちしるべ》」です。ですから、目標を実行して目的の達成を目指します。しっかり区別して行動を整理すれば、目的達成の近道に。

CASE STUDY

目的と目標の違いを明確に

「海外で活躍する人材になる」という目的のためにやるべきことは英語の勉強。そのためには毎日の積み重ねが大切、と考えられれば、毎朝6時に起きての勉強も苦ではありません。

海外で活躍する人材になる ―― 目的

↑

TOEICで800点とる

↑

1時間勉強する

↑

毎朝6時に起きる

（TOEICで800点とる／1時間勉強する／毎朝6時に起きる ―― 目標）

目的は変えず、目標はいくら変わってもいい

目的が揺るぎないものであれば、達成の手段は変わってもいいのです。6時起床が非効率そうなら、「毎日単語を○個」などと変更します。

達成できない目標は立てない

「達成する」のは大きなモチベーションになります。絶対できない目標を立ててしまうと、苦手意識になり、目的も見失いそうです。

他人と自分を比べない

比べていいのは過去の自分

昨日の自分より
成長した自分を見る

女性は他人と自分を比べがちな傾向があります。特に今はSNSなどで意識してしまう相手がいる、という人も多いはず。比べるのはあくまでも「過去の自分」にしましょう。

誰よりも夢中になれるものを見つける

本当に夢中になれるものを見つけたら、うまくいっている他人を見ても素直に「すごい」と思え、憧れの対象として見ることができます。

見なくていい情報は見ないと決める

どうしても意識してしまう相手のSNSなどは、「見ない」くらいがいいかもしれません。自分のペースを保てるようになったら解禁。

自分の褒めポイントを書き出してみる

他人ではなく「自分」をよく見るために、自分の「褒めポイント」を書き出して。客観的に見たポイントを箇条書きにするのがコツ。

意識してしまう人を「すごい!」と認める

意識してしまう相手のことを、競う相手ではなく、「すごい」と認めてみましょう。すごいところを書き出してみるのもおすすめ。

美しいものを見て感性を磨く

直感が冴え、自分自身が魅力的になれる

美意識を高め、直感を鋭くする

美しいものを見るということは、美意識を高めてくれるだけではありません。感動することで感性が豊かになり、直感が鋭くなります。いつも素敵な閃きができる心でいたいもの。

CASE STUDY

美しい景色や芸術を自分の目で見る

いつもの風景から踏み出し、美しい景色や芸術を自分の目で見に行きましょう。言葉を超えた感動が感性と直感を磨いてくれます。情報が豊かな時代だからこそ、実践してみて！

インスタグラムやフェイスブックで見つけた芸術作品や絶景などを見に行く

感動し、感性が磨かれる

直感が鋭くなり、魅力的な自分に

アウトプットを前提にインプットする

情報がより深くしみ込む

「今度誰かに教えよう」の意識が知識を定着させる

本を読む、映画を観るなど、インプットをする際に、同時にアウトプットについて考えます。どう説明したらいいか整理しながら読み進めることで、より自分にもしみ込むのです。

CASE STUDY

1冊の本もアウトプット前提にすると？

魅力的な本に出合ったら、「○○さんも好きそう」「今度ブログに書こう」などのアウトプットを意識。アウトプットの方法は何でもOKで、「意識」することが大切なのです。

- 本好きの誰かに教えたい
- 勉強会で発表しよう
- ブログに感想を書こう
- 自己紹介に使いたい

↓

自分に定着しやすくなる

さらに

積極的に上質な情報を探すようになる

類書を読む、同じ作家の作品を探す、など知識をもっと深めたくなるはず。同様にインプットを繰り返せば、いいサイクルになります。

吸収が蓄積されれば自分が情報源になる

上質なインプットを繰り返すことで、あなた自身が他の人の情報源に。やりがいが生まれ、ますますいいインプットをしたくなります。

ロールモデルを見つける

周囲の人のいいところを取り入れる

意識する相手ではなく
目標にする相手

意識しすぎてはいけませんが、憧れの対象、つまりロールモデルはいくらいてもいいものです。自分がなりたい姿、ふるまい、言葉遣いなど、それぞれにモデルを持ちましょう。

ロールモデルはたくさんいていい

すべての理想を兼ね備えた人は存在しません。立ち姿は雑誌のモデルさん、言葉遣いは先輩など、それぞれにロールモデルを持つのがいいでしょう。

機会があったら本人に伝える

異動の際などには「先輩の話し方から学ばせてもらっていました」と伝えてみましょう。相手にとってきっと嬉しい感謝の言葉に。

ちょっと疲れたときのスイッチになる

ちょっと疲れてやる気が失せているときでも「いや、あの先輩みたいなプレゼンがしたい！」という気持ちが背中を押してくれます。

ひとり会議、ひとり合宿をしてみる

自分と向き合う時間を作る

後回しにしがちな
「自分」との時間を作る

毎日忙しいと、遠い未来を見失いがちです。そこをなんとか時間を作り、自分と向き合う時間にしましょう。目的・目標を書き出したり、未来ノートを作ったりする時間です。

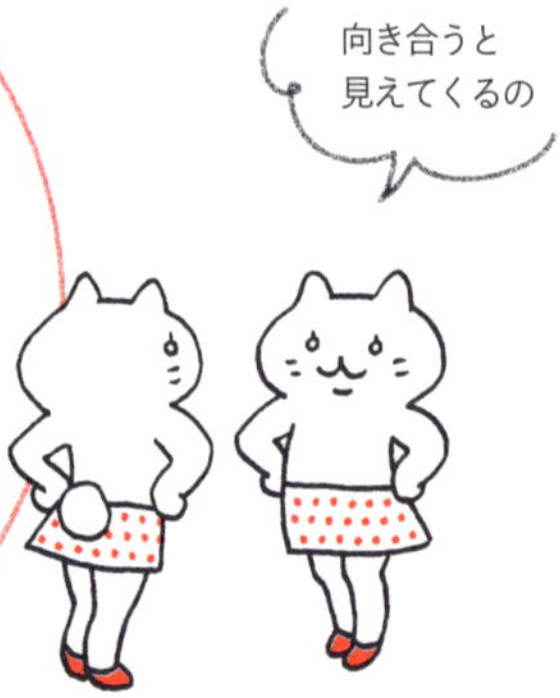

未来の自分のありたい姿を確認する

定期的にやっておきたいこと、今の自分から未来の自分になるために、やるべきこと、できないことなどを書き出して整理しましょう。

今の習慣を見直して改善案を打ち出す

目標にしたのに実行できていないことや、悪い習慣を見直します。どうすれば実行できるのか、具体的な策を書き出してみましょう。

自分を振り返るために日記を書く

シンプルですが、まずはココからでも。日記は過去の自分からの手紙になりますから、自分を律し、成長するきっかけになります。

ひとり時間の作り方

自分の部屋でもできることではありますが、ぜひ少し環境を変えてみて。週に一度のカフェ、年に一度のひとり旅。まずは自分と約束を立てて。

例

- 早起きして散歩
- 会社帰りのひとりお茶、ごはん
- ふらりと温泉
- 気ままなドライブ
- 海外ひとり旅

アドバイスしてくれる人を持つ

各分野に相談相手がいると心強い

仕事も恋愛もなんでも相談できる相手なんていない！

ロールモデルと同様に、何もかもひとりの相手に相談するのではなく、ジャンルごとに相談相手を持てるといいですね。性別や年齢にこだわらず、相談相手を持つのは大事なこと。

ステップアップ会を開こう！

お互いに応援しあい、意見交換

異ジャンルでもいい、
成長につながる集まりを

ただの女子会ではなく、上を目指すためのセッションです。“ひとり会議”ではできない客観的なアドバイスをしてもらえ、誰かを応援するのもモチベーションにつながります。

通勤時間を有効に使う

小さな積み重ねが自分を育てる

毎日繰り返し訪れる
時間を逃さず使う

長さは人それぞれでも、毎日繰り返す“通勤時間”を無駄にしていませんか？　5分でも1時間でも、毎日だからこそ有意義に使いたいもの。まずは意識して使いましょう。

通勤時間内の時間割を作る

「○○駅までは英語の勉強を。あとは寝る！」など無理のないスケジュールを立てます。寝るに限らず、ご褒美タイムを設けるのは◎。

満員電車ではイメージトレーニングを

座れない電車では“イメトレ”がおすすめ。上手な自己紹介、うまくいったプレゼンなどを頭の中で展開してイメージを定着させます。

ゲーム感覚の勉強アプリも人気

ゲームをしたい人は、ぜひゲーム感覚で勉強アプリを。語学なら「Duolingo」など、ゲームのように進められるアプリが増えています。

日記や感謝ノートを電車の中で書く

帰りの電車でおすすめなのが、その日のふり返り。手書きが難しければ、スマホのメモを活用します。夜、清書するための下書きでも。

「誰かがやるだろう」を誰よりも先にやる

むしろチャンスだと思って動く

どんなに地味なことでも
必ず誰かに伝わります

「誰かがやるだろうから、とみんながやらないこと」を見つけたら、チャンスです。こっそりやっても、必ず誰かが見ているもので、信頼を得られ、さらにスキルも上がります。

CASE STUDY

信頼&段取り力がアップする、見えない仕事

みんなが面倒臭がってやらない仕事を率先してこなしてみましょう。どんなことでも「仕事に対してやる気がある」という評価につながり、継続することでいつのまにか力もつきます。

例

- **シュレッダーの中身を片づける**
- **会議室の予約**
- **コピー用紙の補充**
- **お茶セットの漂白**
- **歓送迎会の幹事**　など

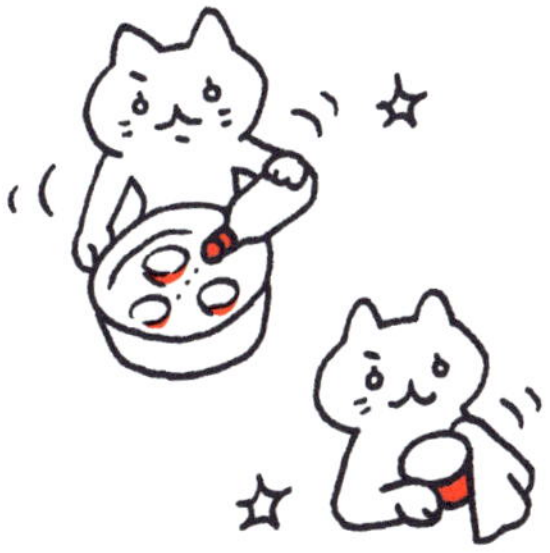

必ず見てくれている人がいるもの

誰も見ていないようで、必ず誰かしらがその仕事に気づいてくれるもの。信頼感を持たれ、評価や人間関係にいい影響しかありません。

積み重ねていくことで段取り力がつく

どんな仕事でも、繰り返せば得るものがあります。特に、早く正確に終わらせるための「段取り力」がつき、仕事にもつながります。

一年にひとつ、やったことのないことに挑戦する

新しい景色が見える！

**一年なんてあっという間と
自覚して、挑戦をする！**

一年って驚くほどあっという間。どれだけ新しいことをできたでしょう。そこで「年にひとつは挑戦する」と意識してみて。新しい自分との出会いは、必ず成長につながっています。

CASE STUDY

大きくても小さくても。新しい自分と出会う

新しい趣味を始める、行ったことのない場所へ行く……未経験のことならなんでもOK。SNSで宣言して、みんなに報告するような形にすれば、実行しやすくなるかもしれません。

例

旅行

- 初めての国
- ひとり旅
- 食べたことのない料理

お稽古・体験

- 楽器
- 茶道
- 着物

趣味

- パラグライダー
- ゴルフ
- サーフィン

GOOD!

知らない自分に出会える

「こんなことが好きだったんだ」という意外な発見や、「だから私はこういう性格だったのね」と意外な一面を知ることになるかもしれません。理想の自分に近づけるといいですね。

GOOD!

新しい人間関係ができる

新しい趣味から、新しい人間関係が生まれます。SNSでも、趣味の世界のフォロワーが増え、友だちになることも。人間関係はやはり新しい世界で得る、一番嬉しいものかも。

GOOD!

老化防止にもなる

毎日同じ景色ばかり見ている人と、新しい景色を見る人では老化のスピードが違うと言われています。旅先の風景や新しい友だちとの会話は、老化防止にもつながる可能性が！

おわりに

世の中は常に変化しています。

とくにいまの時代はかつてより変化のスピードが速く、自分自身を磨き、スキルを進化させていくことは欠かせません。

ですが、人と人とが仕事をしていく以上、相手のことを想っての行動である「マナー」は必要不可欠です。時代に応じて多少の変化はあっても、マナーは普遍的なもの。人間でいえば背骨のようなものだと私は思っています。

そのベーシックなマナーに加えて、今回の本でお伝えしたかったことは、楽しんで仕事をし、日々をより豊かにしてほしいということです。

働いていると、ときに苦しいことや困難なこともあります。

でも、少し視点を変えること、ほんの少しだけでも工夫して行動に移すことで状況は変わります。実際に、毎日「口角を上げることを意識する」だけで、周囲との関係がよくなった、という人は何人もいます。

私のミッションは笑顔でいる人を増やすこと。座右の銘は「笑って一生」。

私自身も心を整え、笑顔でいることを日々大事にして生きています。一度の人生を豊かに過ごし、自分らしく笑っている人を増やしたい。

そう願う私にとって、この本は、人生を楽しみながら歩むヒントを詰め込んだメッセージです。こうして手にとっていただけたことを心から嬉しく思っています。

この本は、前著『社会人1年生大全』も手がけてくださった講談社の山本忍さんと「これからの時代、長く働いていくうえで力になる本を」と意気投合して生まれました。その想いをよりよく具現化してくださった北條芽以さん、わかりやすくレイアウトしてくださったデザイナーの片柳綾子さん、そして目を引く可愛い装丁にして下さった小林昌子さんには心から感謝しております。

また、鈴木麻子さんによるイラストは、この本をますます魅力的にしてくれました。これまでにたくさんの気づきをくださった方々、常にポジティブに応援してくれる家族にも、ここで深い感謝を伝えたいです。

自分も周りも幸せになる。

ちょっとした工夫で人生は楽しく豊かになる。

この本が皆さんの日々を輝かせるきっかけとなってくれたら嬉しい限りです。

北條久美子

北條久美子（ほうじょう・くみこ）

東京外国語大学を卒業後、研修講師等を経て、2007年からエイベックスグループホールディングス株式会社人事部にて教育担当を務め、人材育成に携わる。2010年にキャリアカウンセラー資格を取得し独立。一般企業や行政機関、大学等で年間2500人以上にマナーやコミュニケーション、キャリアのセミナーを行っている。一般常識だけでなく、SNSなどの最新事情も含めたビジネスマナーに詳しく、「その人のベストな方法でキャリアを積む」ためのわかりやすいレクチャーが人気を博している。日本メンタルヘルス協会認定心理カウンセラーの資格も持ち、多方面で活躍中。著書に『ビジネスマナーの解剖図鑑』（エクスナレッジ）、『図解　仕事の基本　社会人1年生大全』（講談社）。

構成　北條芽以
イラスト　鈴木麻子
デザイン　[装丁] 小林昌子
[本文] 片柳綾子　原 由香里　田畑知香（DNPメディア・アート OSC）

仕《し》事《ごと》が楽《たの》しくなる　働《はたら》き方《かた》のセブンマナー
2019年2月27日　第1刷発行

著者　北條《ほうじょう》久《く》美《み》子《こ》

発行者　渡瀬昌彦
発行所　株式会社 講談社
〒112-8001　東京都文京区音羽2-12-21
編集　☎03-5395-3447
販売　☎03-5395-3606
業務　☎03-5395-3615

印刷所　大日本印刷株式会社
製本所　大口製本印刷株式会社

ISBN978-4-06-515263-8